星の王子さま
Le Petit Prince

JN090688

星の王子さま
Le Petit Prince

サン＝テグジュペリ
著

ミキ・テラサワ
本文リライト

フランス語本文リライト
Miki Terasawa

・

日本語訳
井上久美

・

録音スタジオ
巧芸創作

・

ナレーター
Jean-Louis BAGES

・

編集・制作協力
結城麗／鈴木秀幸

はじめに

『星の王子さま』は、フランス人作家 Antoine de Saint-Exupéry (1900–1944) が書いた小説です。平易な表現で寓話のスタイルを用いながら人間性の本質を問いかける名作として、子どもから大人まで、全世界で読まれています。

本書の構成

■ 本文はサン＝テグジュペリが書いた原文の味わいを保ちつつ、読みやすくシンプルなフランス語にリライトされています。日本語訳は、物語としてのトーンを損なわないように逐語訳を避け、意訳している個所もあります。

■ 各ページの欄外には単語の解説があります。男性名詞は m、女性名詞は f、接続法は sub. というように、辞書で使われている略号をできるだけそのまま用いています。またパート毎に、「役立つ表現」として、ポイントとなる表現をまとめてあります。

■ 各チャプターのQRコードをスマートフォンで読み取ると、該当チャプターのフランス語の音声を聞くことができます。ネイティブのフランス人による朗読を聞いて、サン＝テグジュペリの世界を感じてください。

学習方法について

　本書は、フランス語の基本的文法をひと通り学んだ学習者が、復習をしながら読解力を向上させていけるよう構成されています。

　ストーリーを知っていても、いざフランス語で読み直すとなると、短い文やパラグラフの中に、日本語からは発想できないようなフランス語独特の難しさや味わいがあることに気づくでしょう。訳文と見比べながら、こ

れまで学んできた大過去、複合過去、半過去、条件法、接続法といった時制が、どのような使われ方をしているのかを確かめてみてください。本書をくりかえし読みながら感じることで、なぜこれまで面倒な文法を頭に詰め込んできたのかが少しずつ納得できるのではないでしょうか。

　単語の解説や「役立つ表現」では、効率よく学習できるように、類似表現や言い換え表現を、例文を使って説明しています。例文を読み、それぞれの文のイメージを頭の中にたたきこみましょう。そうすることで、いざというときに必要な単語や慣用表現が自分のフランス語として口やペン先から出てくるものです。

　外国語ですらすらと本を読むようになりたいと思っても、読解力は一朝一夕に身につきません。なにしろ日本語で生活している私たちがフランス語で理解したり考えたりする時間は一日のうちわずかです。したがって継続性と効率性を重視した学習を日々重ねていくことが望ましいといえます。一日のうち、短い時間でも毎日根気よく続けて、外国語で"Le Petit Prince"を読む楽しさをぜひ体感してみてください。

＊本書は左ページにフランス語、右ページに日本語を配し、対照して読み進めていただけるようつくられています。必ずしも同じ位置から始めることは難しいのですが、なるべく該当の日本語が見つけやすいように、ところどころ行をあけるなどして調整してあります。

●音声一括ダウンロード●

本書の朗読音声(MP3形式)を下記URLとQRコードから無料でPCなどに一括ダウンロードすることができます。

https://ibcpub.co.jp/audio_dl/0749/

※ダウンロードしたファイルはZIP形式で圧縮されていますので、解凍ソフトが必要です。
※MP3ファイルを再生するには、iTunesやWindows Media Playerなどのアプリケーションが必要です。
※PCや端末、ソフトウェアの操作・再生方法については、編集部ではお答えできません。
　付属のマニュアルやインターネットの検索を利用するか、開発元にお問い合わせください。

目次

À LÉON WERTH

J'espère que les enfants m'excuseront d'avoir dédié ce livre à une grande personne. J'ai une excuse sérieuse: cette grande personne est mon meilleur ami du monde. J'ai une deuxième excuse: cette grande personne peut tout comprendre, même les livres pour enfants. J'ai une troisième excuse: cette grande personne habite la France où elle a faim et froid. Elle a besoin d'être consolée. Si toutes ces excuses ne suffisent pas, je veux bien dédier ce livre à l'enfant qu'a été autrefois cette grande personne. Toutes les grandes personnes ont d'abord été des enfants. (Mais peu de grandes personnes s'en souviennent.) Je corrige donc ma dédicace:

À LÉON WERTH
QUAND IL ÉTAIT PETIT GARÇON

■ dédier ce livre à une grande personne　この本を大人に献呈する　■ excuse *f.* 言い訳
■ consoler　なぐさめる、元気づける　■ dédicace *f.* 献辞

レオン・ヴェルトに捧ぐ

　この本をあるおとなに捧げて書くことを、子どもたちに許してほしいと思う。言い訳もちゃんとある。このおとなは、ぼくの世界一の親友なんだ。二つ目の言い訳としては、このおとなは何でもよくわかっていて、子どもの本だってちゃんと理解しているということ。三つ目は、彼が今、フランスにいて、ひもじくて寒い思いをしているということだ。彼には元気づけが必要なんだ。それでも理由が足りなかったら、この本は、子どもだった頃の彼に捧げるとしよう。おとなも皆、昔は子どもだった。（そのことを憶えているおとなは少ないけどね）

　だから、こういうことにしよう。

　子どもだったころのレオン・ヴェルトに捧ぐ

La Première Partie

les chapitres 1-4

I

Lorsque j'avais six ans, j'ai vu une belle image dans un livre. Le livre s'appelait *Histoires vécues*. Cette image représentait un serpent boa qui mangeait un fauve. Voilà la copie du dessin.

On disait dans le livre : « Les serpents boas mangent leur proie tout entière. Ensuite ils ne peuvent plus bouger. Ils dorment pendant les six mois prochains. »

J'ai beaucoup réfléchi sur tout ça. Puis, j'ai tracé mon premier dessin avec un crayon de couleur. Mon dessin numéro 1. Mon dessin était comme ça :

■un serpent boa 熱帯地方産の無毒の大蛇、ボア ■manger leur proie tout entière 獲物をまるごと食べる ■dormir 眠る、休む ■tracer 描く

第 1 章

　ぼくは6歳のころ、本で素敵なさし絵を見た。『ほんとうのおはなし』という本で、大蛇ボアが、野生の動物を食べている絵だった。これがその絵だ。

　説明のところには、「ボアは食べ物を一口で丸のみします。食べた後は、満腹すぎて動けません。その後、6か月は休んでいなくてはならないのです」と書いてあった。

　ぼくは、長いこと一生懸命考えた。それから、色えんぴつを使って初めての絵を描いたのだ。ぼくの絵の第1号は、こんな感じだった。

J'ai montré mon dessin merveilleux aux grandes personnes. J'ai demandé aux grandes personnes si mon dessin leur faisait peur.

Elles m'ont répondu : « Pourquoi un chapeau ferait-il peur ? »

Mon dessin ne représentait pas un chapeau. Il représentait un serpent boa qui mangeait un éléphant. J'ai donc tracé un deuxième dessin. Afin que les grandes personnes puissent comprendre, mon deuxième dessin représentait l'intérieur du serpent boa. Les grandes personnes ont toujours besoin d'explications. Mon dessin numéro 2 était comme ça :

Les grandes personnes m'ont conseillé de laisser de côté les dessins de serpents boas ouverts ou fermés. Elles m'ont conseillé d'apprendre plutôt le calcul, l'histoire et la géographie. C'est ainsi que j'ai abandonné, à l'âge de six ans, mon rêve de devenir peintre. J'ai abandonné ce rêve à cause de l'insuccès de mon dessin numéro 1 et de mon dessin numéro 2. Les grandes personnes ne comprennent jamais rien toutes seules. Et c'est fatigant pour les enfants de toujours leur donner des explications.

J'ai donc appris à piloter des avions. J'ai volé partout dans le monde. C'est vrai que la géographie a été très utile. Je sais reconnaître la Chine de l'Arizona du premier coup d'œil. C'est très utile, si l'on se perd pendant la nuit.

■ demander à A si ~ Aに~かどうか尋ねる ■ faire à A peur Aを怖い気分にさせる
■ calcul *m.* 計算 ■ géographie *f.* 地理学 ■ tout seul 自分たちで、独力で

ぼくは、この素晴らしい絵を何人かのおとなに見せた。これを見て、怖い
かどうか聞いたのだ。

答えはこうだった。「何で帽子が怖いのさ？」

ぼくは帽子を描いたんじゃない。これは、象を食べた大蛇ボアなのだ。仕
方がないから、2枚目の絵を描いた。おとなでもわかるように、同じボアの、
今度は中身まで描いてやった。おとなって、助けてもらわないと何もわから
ないのだ。ぼくの第2作目は、こんな感じだった。

おとなたちはぼくに、ボアの内も外も描くのはやめるように言った。代わ
りに数学と歴史と地理をやれって。こういうわけで、ぼくは6歳にして絵描
きになる夢を断念した。第1号も第2号もうまくいかなかったからだ。おと
なって、自分だけでは何もわからないのだ。それで子どもたちは、何度も何
度も説明するのが嫌になるのだ。

絵描きになる代わりに、ぼくは飛行機の乗り方を覚えた。そして世界のあ
らゆるところへ飛んだ。地理はとても役に立った。ぼくは、ちらっと見ただ
けで中国とアリゾナの違いがわかるんだからね。夜、迷った時は、これでず
いぶん助かるよ。

J'ai rencontré beaucoup de gens sérieux au cours de ma vie. J'ai beaucoup vécu chez les grandes personnes. J'ai vu les grandes personnes de très près. Ça n'a pas trop amélioré mon opinion.

Quand je rencontrais une grande personne qui me paraissait un peu lucide, je faisais l'expérience : je montrais mon dessin n°1 à cette grande personne. Je voulais savoir si elle était vraiment compréhensive. Mais toujours la grande personne me répondait : « C'est un chapeau. » Alors je ne lui parlais ni de serpents boas, ni de fauves, ni d'étoiles. Au lieu de tout ça, je lui parlais de choses qui intéressent les grandes personnes. Je lui parlais de golf, de société et de vêtements. Et la grande personne était bien contente de connaître un homme aussi raisonnable.

 # II

Pendant de nombreuses années, ma vie a été solitaire. Je n'avais personne à qui parler véritablement. Puis, il y a six ans, mon avion est tombé en panne dans le désert du Sahara. J'étais tout seul. Je savais que j'avais à réparer mon avion tout seul, sans aide. C'était une question de vie ou de mort. J'avais à peine de l'eau à boire pour huit jours.

■ de très près すぐ近くで ■ au lieu de tout ça その代わりに ■ désert *m.* 砂漠
■ réparer 修理する ■ une question de vie ou de mort 生きるか死ぬかの問題
■ avoir à peine ~ ～がわずかしかない

　ぼくは、今まで偉い人にたくさん会った。おとなたちに混じって長いこと暮らして、彼らを間近で見てきた。それでも、おとなに対するぼくの意見はましにならなかった。

　もののわかりそうなおとなに会うと、必ずちょっとしたテストをやった。ぼくの絵の第1号を見せたのだ。この絵が本当にわかる人かどうか見たかった。でも、反応はいつも同じだった。「帽子だね」そこでぼくは、大蛇ボアのことも、野生の動物も、星のことも話さないことにする。代わりに、おとなが興味を持ちそうな話をしてやるのだ。ゴルフだの、社交界だの、洋服だの。そうすると決まっておとなは、とても感じのいい人に会ったと大喜びするのだ。

第 2 章

　何年もの間、ぼくの人生は孤独だった。ほんとうに話せる相手はだれもいなかった。そして6年前、ぼくの飛行機はサハラ砂漠で故障した。ぼくは全くのひとりぼっちだった。だれの助けもなく、自力で飛行機を直さなければならないとわかっていた。生きるか死ぬかだ。飲み水はほんのわずかしかない。8日くらいしかもたないだろう。

Mon premier soir dans le désert, je me suis endormi tout de suite. J'étais très fatigué. J'étais à mille milles de toute terre habitée. J'étais bien plus isolé qu'un naufragé sur un radeau au milieu de l'océan. Alors vous imaginez ma surprise quand une drôle de petite voix m'a réveillé au lever du jour. Cette voix disait :

« S'il vous plaît… dessine-moi un mouton !

— Hein !

— Dessine-moi un mouton… »

J'ai sauté sur mes pieds. Et j'ai vu un petit bonhomme extraordinaire qui me considérait gravement. Voilà mon meilleur portrait de lui. J'ai réussi à faire ce portrait plus tard. Bien sûr mon dessin n'est pas parfait. Les grandes personnes m'ont découragé à devenir peintre quand j'avais six ans, et je n'avais rien appris à dessiner, sauf les boas fermés et les boas ouverts.

■ endormir 寝入る ■ mille *m.* マイル（長さの単位。1，609m）■ radeau, *m.* 筏（いかだ）
■ sauter sur ses pieds ぱっと立ち上がる ■ extraordinaire 奇妙な、風変わりな、普通でない ■ plus tard もっと後で

　砂漠での最初の晩、ぼくはすぐ眠りについた。疲労こんぱいしていたのだ。だれからも、どこからも、何千マイルも離れたところにぼくはいた。大洋の真っ只中の小船にひとりぼっちでいる船乗りよりも、もっと孤独な気がした。だから朝方、小さな聞き慣れない声に起こされた時、ぼくがどれほど驚いたかわかるだろう。その声は言った。

「お願いだよ……ヒツジを描いて！」

「何だって？」

「ヒツジを描いてよ……」

　ぼくはびっくり仰天して立ち上がった。見たこともない男の子がぼくをじっと見ていた。できるだけ似せて描いたのがこれだ。後になってから描いたのだ。ぼくの絵はもちろん、完ぺきからはほど遠い。なにせ6歳のとき、まだ大蛇ボアの内と外しか描けない段階で、おとなから絵を描くのをやめさせられたんだからね。

Voilà mon meilleur portrait de lui.
できるだけ彼に似せて描いた肖像画

J'ai donc regardé ce petit bonhomme avec beaucoup d'étonnement. N'oubliez pas que je me trouvais à mille milles de toute région habitée. Mais mon petit bonhomme ne me semblait ni égaré, ni mort de fatigue, ni mort de faim, ni mort de soif, ni mort de peur. Il n'avait en rien l'apparence d'un enfant perdu au milieu du désert. Quand j'ai enfin réussi à parler, je lui ai dit :

« Mais qu'est-ce que tu fais là ? »

Et il m'a dit encore :

« S'il vous plaît… dessine-moi un mouton… »

J'ai fait ce qu'il m'avait demandé. J'ai sorti de ma poche une feuille de papier et un stylographe. Mais je me suis rappelé quelque chose : même si j'avais appris beaucoup de choses à l'école, je ne savais pas dessiner. Avec un peu de mauvaise humeur, je l'ai dit au petit bonhomme. Mais il a répondu :

« Ça ne fait rien. Dessine-moi un mouton. »

Comme je n'avais jamais dessiné un mouton, j'ai fait pour lui l'un des deux seuls dessins dont j'étais capable. Celui du boa fermé. Il l'a regardé. Et j'ai été stupéfait quand le petit bonhomme m'a dit :

« Non ! Non ! Je ne veux pas d'un éléphant dans un boa. Un boa c'est dangereux, et un éléphant c'est très encombrant. Chez moi, c'est tout petit. J'ai besoin d'un mouton. Dessine-moi un mouton. »

Alors j'ai dessiné un mouton.

Il a regardé attentivement, puis :

« Non ! Celui-là est déjà très malade. Fais un autre mouton. »

■ se trouver à ~ ～にいる ■ égaré, e 道に迷って ■ mort de fatigue 死ぬほどくたびれて ■ sortir de sa poche ～をポケットから取り出す ■ de mauvaise humeur 不機嫌になって ■ Ça ne fait rien そんなことどうでもよい ■ encombrant 場所をふさぐ

　ぼくは、あっけに取られてこの子を見つめた。ぼくが、だれからもどこからも何千マイルも離れた砂漠にいたことを思い出してくれ。なのにこの子は、道に迷ったり、疲れたり、腹が減ったり、怖かったりという様子がなかった。どう見ても、砂漠の真ん中で道に迷った子どもには見えない。ようやく口をきけるようになったとき、ぼくは言った。

「でも……ここで何してるんだ？」
　その子はまた言った。
「お願いだよ……ヒツジを描いて……」
　ぼくは言われたとおりにした。ポケットを探って、紙きれとペンを取り出した。ところがそこで、あることを思い出したのだ。学校ではいろんなことを習ったが、絵の描き方はわからない。ぼくはちょっと不機嫌な声で、男の子にそう言った。でも答えはこうだった。

「そんなこと、関係ないよ。ヒツジを描いてよ」
　ぼくはヒツジを描いたことがなかったので、描けるとわかっている２枚のうちの１枚を描いた。象を飲み込んだ大蛇ボアの外側を描いたのだ。男の子はそれをながめた。そして、驚いたことにこう言ったのだ。
「違う、違うよ！　象を飲み込んだボアの絵なんかほしくないよ。ボアはとても危険なやつだし、象は大きすぎる。ぼくの住んでいるところは、何でもとても小さいんだからね。ぼくがほしいのはヒツジなんだよ。ヒツジを描いてよ」
　そこでぼくはヒツジを描いた。
　男の子は、注意深く見て、こう言った。
「だめだよ。このヒツジは病気みたいじゃないか。別なのを描いてよ」

J'en dessiné un autre :

Mon ami a souri. Puis il a dit :

« Ce n'est pas un mouton — c'est un bélier. Il a des cornes. »

J'ai donc fait encore un dessin.

Mais il a était refusé aussi :

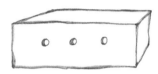

« Celui-là est trop vieux. Je veux un mouton qui vive longtemps. »

J'étais impatient. Je voulais commencer à réparer mon avion. Alors, j'ai griffonné ce dessin-là :

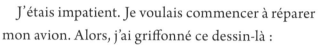

Et j'ai dit : « Ça c'est la caisse. Le mouton que tu veux est dedans. »

J'étais bien surpris de voir s'illuminer son visage :

« C'est tout à fait comme ça que je le voulais ! Crois-tu que ce mouton aura besoin de beaucoup d'herbe ? »

« Pourquoi ? »

« Parce que chez moi c'est tout petit. »

« Ça suffira sûrement. Je t'ai donné un tout petit mouton. »

Il a regardé le dessin :

« Pas si petit que ça… Tiens ! Il s'est endormi… »

Et c'est ainsi que j'ai fait la connaissance du petit prince.

■ un bélier 牡ヒツジ ■ impatient いらいらした、急いで ■ commencer à +inf. ～し始める ■ griffonner 急いで書く ■ tout à fait 全く ■ faire la connaissance de ～と知り合いになる

そこで別なのを描いた。

ぼくの新たな友達は微笑んで、言った。

「これは普通のヒツジじゃないよ——牡ヒツジじゃないか。角がついてるよ」

ぼくはまた描いた。でもこれも、男の子には気に入らないらしかった。

「このヒツジは年を取りすぎてるよ。長いこと生きるヒツジがほしいんだ」

ぼくは急いでいた。飛行機を修理したかったのだ。だから、下のような絵を手早く描いて、こう言った。

「これは箱だよ。きみのほしがってるヒツジはこの中にいるよ」

男の子の顔が輝いたので、びっくりした。

「これがほしかったんだよ！　このヒツジはたくさん食べると思う？」

「なぜだい？」

「だってぼくのいたところでは、何もかもがとても小さいんだもの」

「このヒツジはあんまりたくさん食べないよ。とても小さなヒツジをあげたんだから」

男の子は、その絵をじっと見ていた。

「そんなに小さくないよ……見て！　眠っちゃった……」

ぼくはこうして、小さな王子さまと出逢ったのだった。

III

Il m'a fallu longtemps pour comprendre d'où il venait.

Le petit prince me posait beaucoup de questions, mais il ne semblait jamais entendre les miennes. Ce sont des mots prononcés par hasard qui, peu à peu, m'ont tout révélé. Ainsi, quand il a aperçu pour la première fois mon avion (je ne dessinerai pas mon avion, c'est un dessin trop compliqué pour moi) il m'a demandé :

« Qu'est-ce que c'est que cette chose-là ?

— Ce n'est pas une chose. Ça vole. C'est un avion. C'est mon avion. »

Et j'étais fier de lui apprendre que je volais. Alors il a dit :

« Comment ! Tu es tombé du ciel !

— Oui, ai-je dit.

— Ah ! ça c'est drôle… »

Et le petit prince a commencé à rire, ce qui m'a irrité beaucoup. Je désire que l'on prenne mes malheurs au sérieux.

■ être fier de *+inf.* 〜を誇らしく思う ■ drôle 面白い
■ prendre mes malheurs au sérieux 僕の不幸を真剣に受けとめる

第 3 章

　王子さまがどこから来たのか、知るにはとても時間がかかった。

　王子さまはぼくにたくさんの質問をしたけれど、ぼくの質問は聞こえない
みたいだった。ぼくが王子さまについて知ったことは、彼が何気なく言った
ことから偶然にわかったのだ。ぼくの飛行機を初めて見たとき（飛行機の絵
を描くのはやめにしておく。難しすぎるからね）、王子さまは言った。

「あそこにあるあれ、なあに？」

「あれじゃないよ。飛ぶんだよ。飛行機だ。ぼくの飛行機だよ」

　ぼくは、自分が飛行機に乗れると言うのが誇ら
しかった。王子さまは叫んだ。

「なんだって？　きみは空から落ちてきたの？」

「そうだよ」ぼくは言った。

「そうか！　それは面白い」

　そして小さな王子さまは笑い始めたが、ぼくは気
に入らなかった。人の問題は深刻に受け
とめてほしいものだ。

« Alors, toi aussi tu viens du ciel ! De quelle planète es-tu ? »

Cela était une lueur, dans le mystère de sa présence. Je lui ai demandé vivement :

« Tu viens donc d'une autre planète ? » Mais il ne m'a pas répondu.

Puis il a dit doucement en regardant mon avion :

« C'est vrai que, là-dessus, tu ne peux pas venir de bien loin… »

Et puis il ne parlait pas. Sortant mon dessin de sa poche, il l'a regardé avec plaisir.

J'étais très intéressé par ce que disait le petit prince sur « les autres planètes. » J'ai voulu apprendre, et donc je lui ai dit :

« D'où viens-tu, mon petit bonhomme ? Où est-ce "chez toi" ? Où veux-tu emporter mon mouton ? »

Il m'a dit après un silence :

« C'est bien que tu m'aies donné une caisse pour le mouton. La nuit, ça lui servira de maison.

— Oui, bien sûr. Et si tu es gentil, je te donnerai aussi une corde pour l'attacher pendant le jour. Et un piquet. »

La proposition a choqué le petit prince :

« L'attacher ? Quelle drôle d'idée !

■ lueur ƒ. ほのかな光、ひらめき ■ sa présence ～のいる所 ■ doucement 優しく
■ après un silence しばらくして ■ attacher つなぐ

「じゃ、きみも空から来たんだね！　どの惑星から？」

　わからないことだらけの王子さまの、これは新しい情報じゃないか。ぼくはすばやくたずねた。

「じゃ、きみは別の惑星から来たんだね？」でも王子さまは何も言わなかった。そして、ぼくの飛行機を見ながらゆっくりと答えた。

「確かに、きみはあまり遠くから来られたはずがないね……」

　それきり長い間しゃべらなかった。ポケットからぼくが描いたヒツジの絵を取り出して、嬉しそうにながめていた。

　ぼくは、王子さまが「他の惑星」と言ったことに興味しんしんだった。もっと知りたくて、たずねてみた。

「ねえきみ、きみはどこから来たの？　きみのおうちはどこ？　ぼくのヒツジをどこへ連れて行くの？」

　しばらくして、王子さまは答えた。

「ヒツジ用の箱をくれて嬉しいよ。夜になれば、ヒツジ小屋に使えるもの」

「もちろんだとも。きみがいい子なら、昼の間、ヒツジをつないでおくものを描いてあげるよ」

　ぼくの申し出は、王子さまにはショックだったようだ。

「つないでおく？　なんておかしな考えだろう！」

Le petit prince sur l'astéroïde B 612.
小惑星B612番の王子さま

— Mais si tu ne l'attaches pas, il ira n'importe où. Il peut se perdre. »

Et mon ami a commencé à rire encore une fois :

« Mais où penses-tu qu'il aille !

— N'importe où. Droit devant lui. »

Alors le petit prince a dit gravement :

« Ça ne fait rien. C'est tellement petit, chez moi ! »

Et, d'une voix presque triste, il a dit :

« Droit devant soi, on ne peut pas aller bien loin… »

 # IV

J'avais ainsi appris une seconde chose très importante : c'est que sa planète était à peine plus grande qu'une maison !

Ça ne pouvait pas m'étonner beaucoup. Bien qu'en dehors des grosses planètes comme la Terre, Jupiter, Mars, et Vénus, il y en a des centaines d'autres qui sont petites. Quand un astronome découvre une petite planète, il lui donne pour nom un numéro. Il l'appelle par exemple : « l'astéroïde 325. »

■ n'importe où どこへでも ■ se perdre 道に迷う ■ gravement おごそかに
■ Ça ne fait rien それは問題にならない、構わない ■ droit devant soi まっすぐに

「でもつないでおかなかったら、歩き回ってしまうよ。いなくなってしまうかも知れない」

王子さまはまた笑い出した。

「どこへ行くと思うの？」

「どこでも。ずうっとまっすぐかもしれない」

小さな王子さまは、重々しく言った。

「それは問題にならないよ——ぼくのところは、なんでも本当に小さいんだからね！」

そして、悲しげにも聞こえる声で、付け加えた。

「まっすぐ進んでも、あまり遠くへは行けないよ……」

第 4 章

これで、二つ目に大事な情報がわかったのだった。王子さまの惑星は、家一軒よりちょっと大きいくらいなのだ！

これには、ぼくは驚かなかった。地球や木星、火星、金星のような大きな惑星がある一方で、何百もの小惑星があることを知っていたからだ。天文学者はこういう小さい惑星を発見したら、名前じゃなくて、数字をつける。惑星325みたいにね。

■ bien que ~ ～にもかかわらず ■ en dehors de~ ～の外に ～を除いて
■ Jupiter *m.* 木星 ■ Mars *m.* 火星 ■ Vénus *f.* 金星 ■ astéroïde *m.* 小惑星

Je crois que la planète d'où venait le petit prince est l'astéroïde B 612. Cet astéroïde a été aperçu une fois au télescope, en 1909. C'était un astronome turc qui l'a vu.

L'astronome avait fait alors une grande démonstration de sa découverte à un congrès International d'astronomie. Mais personne ne l'avait cru à cause de son costume turc. Les grandes personnes sont comme ça.

Heureusement pour l'astéroïde B 612, un roi turc a imposé à son peuple de s'habiller à l'européenne. L'astronome a refait sa démonstration en 1920. Il portait un costume très élégant. Et cette fois-ci tout le monde l'a cru.

Si je vous ai raconté ces détails sur cet astéroïde et son numéro, c'est à cause des grandes personnes. Les grandes personnes aiment les chiffres. Quand vous leur parlez d'un nouvel ami, elles ne vous questionnent jamais sur l'important. Elles ne vous disent jamais : « Quel est le son de sa voix ? Quels sont les jeux qu'il préfère ?

■ turc/turque トルコ人の　■ faire une démonstration de ～　～を提示する、人前で実演する

ぼくには、王子さまが惑星B612から来たのだと信じる理由がある。この惑星は、1909年に一度だけ観測された。トルコの天文学者が観測したのだ。その学者は、国際天文学会議で自分の発見を発表した。ところがトルコの民族衣装を着ていったので、だれも彼の言うことを信じなかった。おとなって、そういうものなんだ。

惑星B612の未来のためには幸いなことに、トルコの支配者が、トルコ臣民は西洋の洋服を着なければならないことにした。さっきの天文学者は、1920年にもう一度、発見報告をした。とてもかっこいいスーツを着ていた。そしたら、だれもが信じたんだよ。

ぼくがこの惑星の背景と公式番号の話をしたのは、おとなたちのためだ。おとなは数字が大好きだからね。新しい友達ができたとき、おとなは肝心なことはぜんぜん聞かないんだ。「その子の声はどんな感じ？ どういう遊びが好き？ 蝶を集めたりする？」なんてことは、絶対に聞かない。代わりに、「年はいくつ？ お兄さんやお姉さんは何人いる？ 体はどのくらい大き

Est-ce qu'il collectionne les papillons ? » Elles vous demandent :
« Quel âge a-t-il ? Combien a-t-il de frères et soeurs ? Combien pèse-
t-il ? Combien gagne son père et sa mère ? » Alors seulement elles
croient le connaître. Si vous dites aux grandes personnes : « J'ai vu
une belle maison en briques roses, avec des fleurs aux fenêtres… »
elles ne parviennent pas à s'imaginer cette maison. Il faut leur dire :
« J'ai vu une maison de cent mille francs. » Alors elles s'écrient :
« Quelle belle maison ! »

Ainsi, si vous leur dites : « La preuve que le petit prince a existé c'est
qu'il était ravissant, qu'il riait, et qu'il voulait un mouton. Quand on
veut un mouton, c'est la preuve qu'on existe », les grandes personnes
ne vous croiront pas. Elles vous traiteront d'enfant. Mais si vous leur
dites : « La planète d'où il venait est l'astéroïde B 612 », alors elles
seront convaincues, et elles arrêteront de vous poser des questions.
Les grandes personnes sont comme ça. Il ne faut pas leur en vouloir.
Les enfants doivent être très indulgents envers les grandes personnes.

Mais, bien sûr, nous qui comprenons la vie, nous nous moquons
bien des numéros ! J'aurais aimé commencer cette histoire à la façon
des contes de fées. J'aurais aimé dire :

« Il était une fois un petit prince qui habitait une planète à peine
plus grande que lui, et qui avait besoin d'un ami… » Pour ceux qui
comprennent la vie, ça aurait eu l'air beaucoup plus vrai.

■preuve *f.* 証拠　■indulgent　寛大な、やさしい　■se moquer de ~　~をからかう
■J'aurais aimé *+inf.* できたら~したかったのになあ　■Il était une fois 昔々あるところに

い？　ご両親はいくらくらい稼ぐの？」っていうことばかり聞くんだ。こういう数字を聞いて初めて、その子のことがわかったような気になるんだよ。「窓辺に花がかざってあって、バラ色の石でできた素敵な家を見たよ……」と言ったら、おとなはどんな家か想像もつかないだろう。彼らにわからせるには、「10万フランもする家を見たよ」と言わなけりゃならないんだ。そうしたら「なんて素敵な家だろう！」って言うよ。

　だからもし、「小さな王子さまが本物だってことは、王子さまが素敵で、笑って、ヒツジをほしがったからわかるよ。ヒツジをほしがるってことは、本物だってことだよ」なんて言ったら、おとなは信じないだろう。きみを子ども扱いするに決まってる。でももし、「惑星B612から来たんだよ」と言えば、おとなは信じるだろうし、いろいろ質問してこなくなるだろう。おとなって、そういうものなのだ。責めちゃあいけないよ。子どもはおとなにやさしくしてあげなきゃ。

　もちろん、人生のことがわかってるぼくらは、数字なんか笑い飛ばすよ。この本は、美しいお話として始めたかったな。こういう出だしのね：

　「昔々、あるところに小さな王子さまがおりました。自分よりちょっと大きいだけの惑星に住んでいて、友達をほしがっていました……」人生ってものがわかってる人には、この方がもっと現実味があったと思うよ。

■ Pour ceux qui　～する人々にとって　■ ça aurait eu l'air beaucoup plus vrai　そうすることがもっと本当らしくなったのだろうけど

Car je n'aime pas qu'on lise mon livre à la légère. J'éprouve tant de chagrin à raconter ces souvenirs. Il y a six ans déjà que mon ami s'en est allé avec son mouton. Si j'essaie ici de le décrire, c'est afin de ne pas l'oublier. C'est triste d'oublier un ami. Tout le monde n'a pas eu un ami. Et je peux devenir comme les grandes personnes qui ne s'intéressent plus qu'aux chiffres. C'est donc pour ça encore que j'ai acheté une boîte de couleurs et des crayons. C'est dur de se mettre au dessin, à mon âge, quand on n'a jamais fait d'autres tentatives que celle d'un boa fermé et celle d'un boa ouvert ! J'essaierai, bien sûr, de faire des portraits le plus ressemblants possible. Mais je ne suis pas tout à fait certain de réussir. Un dessin va, et l'autre ne ressemble plus. Je me trompe un peu aussi sur la taille. Ici le petit prince est trop grand. Là il est trop petit. J'hésite aussi sur la couleur de son costume. Alors je tâtonne comme ci et comme ça, tant bien que mal. Je me tromperai enfin sur certains détails. Mais ça, il faudra me le pardonner. Mon ami ne donnait jamais d'explications. Il me croyait peut-être semblable à lui. Mais moi, malheureusement, je ne sais pas voir les moutons à travers les caisses. Je suis peut-être un peu comme les grandes personnes. J'ai dû vieillir.

■ à la légère うっかりと、軽く

だれも、ふざけた気持ちでぼくの本を読んじゃいけないよ。これを書きな
がら、ぼくは本当に悲しいんだから。ぼくの友達が、ヒツジを連れていなく
なってから、もう6年が過ぎた。今、書いているのは王子さまのことを忘れ
ないためだ。友達のことを忘れるのは悲しいことだ。だれもが友達を持てる
わけじゃない。ぼくだって、数字のことしか興味のないおとなみたいになる
かもしれないしね。だから絵の具箱と色えんぴつを買ってきたんだ。ぼくの
年になって絵を始めるのは楽じゃない。しかも、大蛇ボアの内と外しか描
いたことがないんだからね！　できるだけ上手に描くようにがんばるよ。で
もたぶんうまくいかないだろう。1枚目はまだいいんだ。ところが2枚目
は、小さな王子さまとは似ても似つかない代物になる。次の絵では背が高す
ぎる。次の絵は小さすぎ。それに、王子さまの服の色合いがはっきりわから
ない。そんな具合に、ぼくは一生懸命描き続ける。いくつか、間違いもする
だろう。でも許してくれないといけないよ。ぼくの友達の王子さまは、こう
いうことを一度も説明してくれなかったんだからね。きっと、ぼくのことを
自分と同じだと思ったのだろう。ひとりでなんでもわかっていると思ったの
だ。でもぼくには、箱の中のヒツジが見えない。おとなみたいになってしま
ったのかもしれない。ならなきゃいけなかったんだよ。

■ Il y a six ans déjà que *+ind.* すでに6年前に〜だった　■ afin de ne pas *+inf.* 〜しない
ために　■ se mettre à 〜　〜を始める　■ pardonner 許す

【Lorsque ～】 ～の時に

> Lorsque j'avais six ans, j'ai vu une belle image dans un livre.
> （p.12，1行目）
> ぼくは6歳のころ、本で素敵な挿絵を見た。

Quand j'avais six ans, もしくは Au moment où で言い換えられます。会話では Quand がよく使われます。

似た表現も見てみましょう。

- Dès lors que ～の時から

  Dès lors que Marie a changé de coiffure, Pierre l'invite au restaurant.
  マリーが髪型を変えてから、ピエールは彼女をレストランに誘うようになった。

- Chaque fois que～, Toutes les fois que～ ～の時はいつも

  Chaque fois que je vois des photos d'avion, je veux bien voyager.
  飛行機の写真を見るたびに、ぼくはとても旅行に行きたくなった。

【faire peur à A】 Aを怖がらせる

> J'ai demandé aux grandes personnes si mon dessin leur faisait peur.
> （p.14，1–2行目）
> 僕は、大人たちにこの絵が怖いかどうかを聞いた。

「ある状態を生じさせる、もたらす」というときに faire は使われます。

【例文】J'ai fait un rhume. 風邪をひいた。

Le bébé fait ses dents. 赤ちゃんの歯が生える。

Le mariage avec Marie a fait de Pierre un autre homme.
マリーと結婚して、ピエールは別人のようになった。

peurを使った表現を見ておきましょう。

- **avoir peur de A** Aを恐れる

  J'ai peur du fantôme. 僕はお化けが怖いんだ。

- **avoir peur pour A** Aのことを心配する

  Elle a peur pour son fils. 彼女は息子のことが心配だ。

- **de peur de A, par peur de A** Aを恐れて

  Pierre n'a pas écrit la lettre à Marie de peur du ridicule.
  ピエールは笑われるのを恐れてマリーに手紙を書かなかった。

【tomber en panne】 故障する

Mon avion est tombé en panne dans le désert du Sahara.
（p.16, 下から5–4行目）
ぼくの飛行機はサハラ砂漠で故障した。

tomber は「転ぶ」「落ちる」といった予期せぬことに出くわしたときに使います。

- **tomber bien (mal)** 運が良い（悪い）

  Tu tombes bien ! Nous venons de préparer le déjeuner sur la table.
  君は運がいい。ちょうど昼食の用意ができたところだ。

- **tomber malade** 病気になる

  Pierre est tombé malade à cause de trop de travail pour l'examen.
  ピエールは試験勉強をがんばりすぎて病気になった。

- **tomber amoureux** 恋をする

  Marie est tombée amoureuse à première vue de ce comédien sur l'écran.
  マリーはその俳優を映画で一目見たときから、恋に落ちた。

役立つフランス語表現

■ tomber + 日付　〜の日に当たる

Puisque l'anniversaire de Marie tombe un jour férié cette année, elle attend, ses amis qui viennent chez elle de bon matin.

今年はマリーの誕生日が祝日にあたるので、彼女は朝早くから友達が来るのを家で待っている。

【sur ses pieds】　両足で立って

J'ai sauté sur mes pieds.（p.18, 9行目）
僕はびっくりして立ち上がった。

「両足で立って」という意味ですが、sauter を伴って、ぴょんと飛び上がるようにしてその場に立った状態を表しています。pied を使った表現を見ておきましょう。

■ à pieds　徒歩で

Pierre se rend à la gare à pied parce que son vélo est en panne.
ピエールは自転車がパンクしたので徒歩で駅へ行く。

■ au pied de A（= aux pieds de A）　Aの足元で

Tombez aux pieds du rois.　王の足元にひれ伏しなさい。

【A dont B…】　Bが…するところのA

J'ai fait pour lui l'un des deux seuls dessins dont j'étais capable.
（p.20, 下から10-9行目）
ぼくは、自分で描けるたった2枚の絵のうちの1枚を彼に描いてあげた。

dont が de + inf. 〜 として、どの内容を含んでいるかを注意して読みましょう。ここでは、être capable de + inf. の形が j'étais capable のところにありますから、j'étais capable（de faire pour lui l'un des deux seuls dessins）の（ ）部分が dont で置き換えられています。

　フランス語の読解力を身につけるには、文の先頭から意味の単位で順番に区切って、理解されたイメージを足していく癖をつけることです。dontのような関係代名詞が出てくると、後ろからもどして読みたくなりますが、そこをがんばって文頭から読み下していきましょう。

　　ぼくは作った（描いた）/ 彼のために / たった2枚の絵のうちの1枚を /
　　僕ができるところの

と読んでいけば、何ができるのかが見えてきます。dontが指すものは、同じ文中に必ず書かれています。

【prendre A au serieux】　Aを真剣にうけとめる

> Je désire que l'on prenne mes malheurs au sérieux. （p.24, 下から2-1行目）
> 僕の不幸を真剣にうけとめてほしい。

　prendre au sérieuxの他に、prendre à la légère（気軽に）、prendre à la plaisanterie（冗談として）という使い方があります。

　　【例文】Ne prenez pas la vie à la légère. 人生をお気楽に考えないで。
　　　　　Marie prend les mots de Pierre à la plaisanterie.
　　　　　マリーは、ピエールの言葉を冗談だと思っている。

【en regardant～】　～を見ながら

> Il a dit doucement en regardant mon avion. （p.26, 5行目）
> 彼はぼくの飛行機を見ながらゆっくりと言った。

　この例文は、2つの文、すなわちIl a dit doucement. + Il regardait mon avion.をひとつにしたものです。動名詞（ジェロンディフ）が2つの文をくっつけ、主語の反復を避けています。

- **en attendant**　〜を待ちながら、それまでの間

  Je vais préparer le déjeuner. En attendant, termine ton devoir de français.

  昼食の支度をします。それまでの間、フランス語の宿題を終えておきなさい。

- **en attendant de + inf.**　〜するまで

  En attendant de prendre le train, je vais acheter des journaux.

  列車を待っている間に、新聞を何紙か買ってこよう。

【N'importe 〜】　〜はどうでもかまわない

N'importe où.（p.28, 4行目）
どこへでもかまわないよ。

似た表現をいくつかまとめて覚えておきましょう。

- **n'importe comment**　どんな風にでも、いい加減に

  Il achève son travail n'importe comment.

  彼は勝手なやりかたで仕事を終わらせる。

- **n'importe lequel**　〜のうちどれでも、誰でも

  N'importe lequel d'entre vous pourrait visiter ma nouvelle maison.

  あなたたちの誰でも私の新しい家に来てくれていいわ。

- **n'importe quand**　いつでもいいから

  Rappelle-moi n'importe quand.

  いつでも電話をちょうだい。

- **n'importe quoi**　何でもいいから

  J'ai dit n'importe quoi.（p.52, 5行目）

  とにかく何でも頭に浮かんだことを言った。

La Deuxième Partie

―――――― ✳ ――――――

les chapitres 5-8

V

Chaque jour j'apprenais quelque chose sur la planète, sur le départ, sur le voyage. Ça venait tout doucement, au hasard des réflexions. C'est ainsi que, le troisième jour, j'ai connu le drame des baobabs.

Cette fois-ci encore c'était grâce au mouton. Brusquement le petit prince m'a demandé, comme pris d'un doute grave :

« C'est bien vrai, n'est-ce pas, que les moutons mangent les arbustes ?

— Oui. C'est vrai.

— Ah ! Je suis content. »

Je n'ai pas compris pourquoi il était si important que les moutons mangeassent les arbustes. Mais le petit prince m'a demandé :

« Par conséquent ils mangent aussi les baobabs ? »

J'ai dit au petit prince que les baobabs ne sont pas des arbustes, mais des arbres grands comme des églises, et que si même il avait un troupeau d'éléphants, ce troupeau ne viendrait pas à bout d'un seul baobab.

■ au hasard 偶然に ■ c'est ainsi que かくして、そうしているうちに ■ baobab *m.* バオバブ（アオイ目バンヤ科の巨木）■ comme pris d'un doute grave 深刻な疑問を抱えた様子で ■ arbuste *m.* 小低木 ■ par conséquant 従って、それでは ■ un troupeau 〜の群れ

第 5 章

　毎日ぼくは、王子さまの惑星のことや、どうして王子さまがそこを離れた
か、それからの旅について、何かしら学んだ。話をしているうちに、ゆっく
りと、偶然、わかるんだ。3日目にバオバブの木について聞いたときもそう
だった。

　これも、きっかけはヒツジだった。不安そうな感じで、王子さまが突然、
聞いてきたのだ。

　「ヒツジが草を食べるって本当だよね？」

　「そう、本当だよ」

　「そうか！　よかった」

　ヒツジが草を食べるのがどうしてそんなに大事なのか、ぼくにはわからな
かった。でも、王子さまはこうたずねたのだ。

　「じゃあ、ヒツジはバオバブも食べる？」

　そこでぼくは、バオバブは草では
なくて、教会みたいに大きい木なの
だと教えてやった。象がたくさんい
ても、バオバブの木を1本食べるこ
ともできやしないと。

L'idée du troupeau d'éléphants a fait rire le petit prince :

« Il faudrait les mettre les uns sur les autres… »

Mais il a dit avec sagesse :

« Les baobabs ne sont pas toujours grands. Ça commence par être très petit.

— C'est vrai ! Mais pourquoi veux-tu que tes moutons mangent les petits baobabs ? »

Il m'a dit : « Ben ! Voyons ! » comme il s'agissait là d'une évidence. Il m'a fallu écouter attentivement pour comprendre ce problème.

En effet, sur la planète du petit prince, il y avait, comme sur toutes les planètes, de bonnes herbes et de mauvaises herbes. Par conséquent de bonnes graines de bonnes herbes et de mauvaises graines de mauvaises herbes. Mais les graines sont invisibles. Elles dorment dans la terre jusqu'à ce qu'elles décident de se réveiller. Alors une graine s'étire, et pousse vers le soleil une petite brindille. S'il s'agit d'une bonne plante, on peut laisser la brindille pousser comme elle veut. Mais s'il s'agit d'une mauvaise plante, il faut arracher la plante aussitôt, dès qu'on a su la reconnaître. Or il y avait des graines terribles sur la planète du petit prince… c'étaient les graines de baobabs. Le sol de la planète en était infesté. Or un baobab, si l'on s'y prend trop tard, on ne peut jamais plus s'en débarrasser. Il encombre toute la planète. Et si la planète est trop petite, et si les baobabs sont trop nombreux, ils la font éclater.

« C'est une question de discipline, me disait plus tard le petit prince. Tous les matins, il faut faire la toilette de la planète. Il faut

■ Ben ! Voyons ! うん！説明しよう！ ■ herbe f. 草木 ■ graine f. 種
■ jusqu'à ce que +sub. ～するまで ■ brindille f. 小枝、細枝、若芽 ■ sol m. 土
■ faire éclater 破裂させてしまう

たくさんの象を思い描いて、王子さまは笑った。

「象をどんどん上に積んでいけばいいんだね……」

そして言った。

「バオバブは最初から大きいわけじゃないんだよ。はじめはとても小さいんだ」

「それはそうだ。でもきみはどうして、ヒツジに小さいバオバブを食べさせたいんだい?」

王子さまは言った。「うん、説明しよう!」重大事を明かすような言い方だった。次にくる説明をちゃんと理解するのに、ぼくは注意して聞かなければならなかった。

惑星ではどこも同じだが、小さな王子さまの惑星にも、いい植物とわるい植物が生えていた。つまり、いい植物から取れるいい種と、わるい植物から取れるわるい種とがあったのだ。でも種というものは、とても小さくて見にくい。目をさまして成長しようと決めるまでは土の中で眠っていて、その時が来ると、土を突き抜けて小さな芽を出すんだ。その芽が大きくなって、いい植物になれば、そっとしておいていい。でもわるい植物になったら、できるだけ早くひっこ抜かなければならないのだ。王子さまの惑星には、ものすごく性質のわるい種があった……バオバブの種だ。この種は、星中の土の中に埋まっていた。うっかりして芽のうちに抜いてしまわないと、どんどん育って惑星中に広がってしまうのだ。星は乗っ取られてしまうだろう。うんと小さい惑星にバオバブがたくさん育ったら、その星は壊されてしまう。

「要は、毎日、きちょうめんに片づけることだよ」小さな王子さまはあとでぼくに言った。「毎朝、ぼくは星の世話をする。バラの苗と区別がつくが早

s'astreindre régulièrement à arracher les baobabs dès qu'on les distingue d'avec les rosiers. Les baobabs et les rosiers se ressemblent beaucoup quand ils sont jeunes. C'est très ennuyeux, mais très facile. »

Et un jour il m'a demandé de faire un beau dessin, pour aider les enfants de chez moi. « S'ils voyagent un jour, me disait-il, ça pourra leur servir. Il est quelquefois sans inconvénient de remettre à plus tard son travail. Mais, s'il s'agit des baobabs, c'est toujours une catastrophe. J'ai connu une planète, habitée par un paresseux. Il avait négligé trois arbustes… »

Donc, j'ai dessiné cette planète-là sur les indications du petit prince. Je n'aime guère prendre le ton d'un moraliste. Mais le danger des baobabs est si peu connu. Et donc, pour une fois, j'ai fait exception à ma réserve. Je dis : « Enfants ! Faites attention aux baobabs ! » J'ai tant travaillé ce dessin-là. J'espère qu'il enseignera à mes amis le sense de danger. La leçon que je donnais en valait la peine. Vous vous demanderez peut-être : Pourquoi n'y a-t-il pas dans ce livre, d'autres dessins aussi grandioses que le dessin des baobabs ? La réponse est bien simple : J'ai essayé, mais je n'ai pas pu réussir. Quand j'ai dessiné les baobabs, j'ai été animé par le sentiment de l'urgence.

■ s'astreindre à +*inf.* 努めて～する　■ distinguer A d'avec B　AとBと区別する
■ rosier *m.* バラの木　■ paresseux *m.* 怠惰な人　■ sur les indications de　～の指示に
従って　■ faire exception à ~　特例を設ける　■ faire attention à ～に警戒する

いか、バオバブの苗は抜くんだ。出始めのころは、バオバブってバラにそっくりなんだよ。作業はおもしろくもないけど、簡単なんだ」

　そしてある日、王子さまは、ぼくの惑星の子どもたちのために絵を描いてほしがった。「いつか子どもたちが旅行することがあったら」、王子さまは言った。「これが役に立つかもしれない。待ってみて、あとからやっても遅くない作業もある。でもバオバブが相手のときは、待っていたら大変なことになるんだ。ぼくの知っているある星は、なまけものの男が住んでいて、3本の若芽をほうっておいたんだ。そうしたら……」

　それでぼくは、王子さまの説明どおり、この絵を描いた。普通なら、ぼくは人に指図をするのはきらいだ。でもバオバブの危険というものはあまり広く知られていない。だから、今回だけは自分のルールに例外をつくることにした。こう言おう。「子どもたち！　バオバブに気をつけろ！」ぼくは、この絵をものすごく一生懸命描いた。ぼくの友達がこれを見て、バオバブの危険をわかってくれるといいのだが。ぼくの言いたかったこの教訓は、がんばって絵を描くだけの価値があったと思うよ。きみはたずねるかもしれない。この本のほかの絵は、どうしてバオバブの絵みたいに上手じゃないの？　答えは簡単だ。ぼくはベストを尽くしたけど、うまくいかなかった。バオバブを描いたときは、バオバブのはらむ危険に触発されたのだ。

Les baobabs
バオバブ

■ donner en valait la peine　苦労するだけの価値をおく　■ être animé par　～に励まされる

VI

Ah ! Petit prince, j'ai compris,
peu à peu, ainsi, ta petite vie mélancolique.
Tu n'avais eu longtemps pour plaisir que la douceur
des couchers de soleil. J'ai appris ce détail, le quatrième
jour au matin, quand tu me disais :

« J'aime bien les couchers de soleil. Allons voir un coucher
de soleil…

— Mais il faut attendre…

— Attendre quoi ?

— Attendre que le soleil se couche. »

Tu as eu l'air très surpris d'abord, et puis tu riais de toi-même. Et
tu as dit : « Je me crois toujours chez moi ! »

Quand il est midi aux États-Unis, le soleil, tout le monde le sait,
se couche sur la France. Il suffirait de pouvoir aller en France en une
minute pour assister au coucher du soleil. Malheureusement la France
est bien trop éloignée. Mais, sur ta si petite planète, il te suffisait de

---

■ peu à peu 少しずつ　■ coucher de soleil *m.* 日没

第 6 章

　ああ、小さな王子さま。ぼくはようやく、きみの小さな人生の悲しみがわかりかけてきた。きみは、入り日の美しさを眺める以外には、楽しみの時間など持たずに来たのだ。これを知ったのは 4 日目の朝、きみがこう言ったときだった。

「ぼく、日の入りを見るのが大好きだよ。見に行こうよ……」

「でも待たなくちゃ……」
「待つって、何を？」
「太陽が沈むのをだよ」
　きみは最初、とてもびっくりしたようで、それから自分自身を笑って言った。「一瞬、自分の星にいるんだと思っていたよ！」
　みんな知ってると思うけど、アメリカで正午のとき、太陽はフランスで沈んでいく。日の入りを見たければ、1 分くらいでフランスに行かなくちゃいけないわけだ。不幸なことに、フランスはあまりに遠い。でもきみの小さな惑星なら、椅子を何フィートか動かすだけでいいんだね。そうしたら日の入

tirer ta chaise de quelques pas. Et tu regardais le crépuscule chaque fois que tu le désirais…

« Un jour, j'ai vu le soleil se coucher quarante-quatre fois ! »

Un peu plus tard, tu as dit :

« Tu sais… quand on est tellement triste on aime les couchers de soleil…

— Le jour des quarante-quatre fois, tu étais donc tellement triste ? »

Mais le petit prince n'a pas répondu.

VII

Le cinquième jour, ce secret de la vie du petit prince était révélé à moi. Il m'avait posé soudainement une question. Il m'a semblé que le petit prince avait beaucoup réfléchi sur cette question :

« Si un mouton mange les arbustes, il mange aussi les fleurs ?

— Un mouton mange tout ce qu'il rencontre.

— Même les fleurs qui ont des épines ?

— Oui. Même les fleurs qui ont des épines.

— Alors les épines, à quoi servent-elles ? »

■ crépuscule *m.* 黄昏、夕暮れ　■ un peu plus tard 少し後になって
■ être révélé à A　Aに明かされる、示される　■ épine *f.* とげ　■ servir à ～の役に立つ

りを、何度でも見たいだけ見られるんだ。

「44回見たこともあるよ!」
また、こうも言った。
「ねえ、知ってる……悲しいときには夕日を見ると気分が休まるんだ……」

ぼくはたずねた。「日の入りを44回も見た日は、とても悲しかったんだね?」
王子さまは答えなかった。

第 7 章

　5日目になって、ぼくは王子さまの秘密を知った。王子さまは突然、質問をしてきたが、長いこと考えてから聞いたようだった。

「もしヒツジが草を食べるのなら、花も食べる?」
「ヒツジは、手当り次第、何でも食べるよ」
「トゲのある花でも?」
「そうだ。トゲのある花でも」
「じゃ、トゲなんて、何のためにあるのさ?」

Je ne le savais pas. J'étais alors très occupé à réparer mon avion. J'étais très soucieux. Mon avion était difficile à réparer, et l'eau à boire s'épuisait.

« Les épines, à quoi servent-elles ? » Le petit prince ne renonçait jamais à une question. J'étais irrité, et j'ai dit n'importe quoi :

« Les épines, ça ne sert à rien. C'est de la pure méchanceté de la part des fleurs !

— Oh ! »

Mais après un silence, il m'a dit, avec rancune :

« Je ne te crois pas ! Les fleurs sont faibles. Elles sont naïves et belles. Elles se rassurent comme elles peuvent. Elles se croient terribles avec leurs épines… »

Je ne disais rien. Je n'écoutais pas. Je pensais toujours à mon avion. Puis le petit prince m'a demandé :

« Et tu crois, toi, que les fleurs…

— Non ! Non ! Je ne crois rien ! J'ai répondu n'importe quoi. Je m'occupe, moi, de choses importantes ! »

Il m'a regardé stupéfait.

« De choses importantes ! »

Il a dit : « Tu parles comme les grandes personnes ! »

Ça m'a fait un peu honte. Mais il a dit : « Tu ne comprends rien ! »

■ l'eau à boire 飲み水 ■ renoncer à ～をあきらめる
■ n'importe quoi 何でも、どんなことでも ■ méchanceté f. 意地悪 ■ naïf, ve 純粋な

　そんなことはぼくは知らない。それより忙しかった。飛行機を直そうとしていたのだ。心配でたまらなかった。修理は難しく、飲み水は底を尽きかけていた。

　「だったらトゲは、なんのためにあるのさ？」小さな王子さまは、質問をぜったいにやめないのだ。ぼくは心配で、機嫌がわるかったので、頭にうかんだ最初のことを言った。

　「トゲなんて、なんの役にも立ちやしないよ。花は、意地悪だからトゲをつけてるんだ！」

　「えっ！」

　でもしばらくして、王子さまは怒ったように言った。

　「きみの言うことなんか、信じないよ！　花は弱いんだ。純粋で、美しいんだ。できるだけのことをして自分を守ろうとしているだけなんだよ。トゲが守ってくれると信じているんだ……」

　ぼくは答えなかった。聞いてもいなかった。ずっと飛行機のことを考えていたのだ。王子さまがまた言った。

　「それじゃ、きみは、きみが考える花は……」

　「違う、違う！　ぼくは何にも考えちゃいない！　思いついたことを言っただけなんだ。大事なことで忙しいんだ！」

　王子さまはぼう然としてぼくを見つめ、声をあげた。

　「大事なこと！」

　そして言った。「きみはおとなみたいな話し方をするんだね！」

　ぼくは決まりがわるくなった。でも王子さまは続ける。「きみは何もわかっちゃいないよ！」

Il était vraiment très irrité. Il secouait des cheveux tout dorés :

« Je connais une planète où il y a un monsieur cramoisi. Il n'a jamais respiré une fleur. Il n'a jamais regardé une étoile. Il n'a jamais aimé personne. Il n'a jamais rien fait d'autre que des additions. Et toute la journée il répète comme toi : "Je suis un homme important ! Je suis un homme important !" et ça le fait gonfler d'orgueil. Mais ce n'est pas un homme… c'est un champignon !

— Un quoi ?

— Un champignon ! »

Le petit prince était maintenant tout pâle de colère.

« Il y a des millions d'années que les fleurs fabriquent des épines. Il y a des millions d'années que les moutons mangent quand même les fleurs. Et ce n'est pas important de chercher à comprendre pourquoi les fleurs fabriquent des épines qui ne servent jamais à rien ? Ce n'est pas important la guerre des moutons et des fleurs ? Ce n'est pas sérieux et plus important que les additions d'un gros monsieur rouge ? Et si je connais, moi, une fleur unique au monde, qui n'existe nulle part, sauf dans ma planète… et qu'un petit mouton peut anéantir d'un seul coup, comme ça, un matin, sans se rendre compte de ce qu'il fait — n'est-ce pas important ça ? »

Il a rougit, puis il a dit :

« Si quelqu'un aime une fleur qui n'existe qu'à un exemplaire dans les millions et les millions d'étoiles, ça suffit pour qu'il soit heureux quand il les regarde. Il se dit : "Ma fleur est là quelque part… " Mais

■ toute la journée 一日中　■ faire A gonfler de ～でＡをいっぱいにする　■ tout pâle 蒼白になって

　王子さまは、本気で怒っていた。金色の髪をゆらしながら、

　「ぼくは、真っ赤な顔のおじさんが住んでいる星を知ってるよ。おじさんは花の香りをかいだこともなければ、星を見上げたこともない。だれかを愛したこともない。足し算以外、何もしない。そしてきみみたいに『おれは重要人物だ！ おれは重要人物だ！』って一日中、言ってるんだ。自分の重要さで頭が一杯なんだ。でもそんなのは人間じゃない……キノコだ！」

　「なんだって？」
　「キノコさ！」
　王子さまは、怒りで蒼白になった。
　「何百万年もの間、花はトゲを生やしてきた。なのに、何百万年もの間、ヒツジは花を食べてきた。花がどうして、守ってもくれないトゲを生やし続けるのか、わかろうとすることが大事じゃないなんて、どうしてきみに言えるの？ ヒツジと花の戦争なんか問題じゃないって、どうして言えるの？ 足し算をしてる赤い顔の太ったおじさんより、大事じゃないって言えるの？ それにぼくは、ぼくは、たった一つしかない、ぼくの星にしか咲かない花を知ってるんだよ……そしてもし小さなヒツジがその花を壊してしまったら、自分のしていることの重大さも知らずにある朝、食べてしまったら——それがなんでもないって言うの？」

　続けるうちに、王子さまの顔は薄桃色に染まってきた。
　「もしだれかが、何百万もの星の中で、たった一つの星に住む花を愛したら、夜空を見上げるだけで幸せになるよ。星たちを見て、心の中で言うんだ。『ぼくの花は、このどこかにいる……』でももしヒツジがその花を食べてしま

si le mouton mange la fleur, c'est pour lui comme si, brusquement, toutes les étoiles s'éteignaient ! Et ce n'est pas important ça ! »

Il ne pouvait rien dire de plus. Il a éclaté brusquement en sanglots. La nuit était tombée. J'avais arrêté mon travail. Je me suis bien moqué bien de mon avion, de ma faim et de ma mort. Il y avait sur une étoile, une planète — cette planète, la mienne, la Terre — un petit prince qui était triste ! Je l'ai pris dans les bras. Je l'ai bercé. Je lui ai dit : « La fleur que tu aimes n'est pas en danger… Je te dessinerai une armure pour ta fleur… Je… » Je ne savais pas trop quoi dire. Je me sentais très maladroit. Je ne savais comment l'atteindre, où le rejoindre… C'est tellement mystérieux, le pays des larmes !

 # VIII

J'ai appris bien vite à mieux connaître cette fleur. Il y avait toujours eu, sur la planète du petit prince, des fleurs très simples. Elles étaient ornées d'un seul rang de pétales. Elles apparaissaient un matin dans l'herbe, et puis elles s'éteignaient le soir. Mais cette fleur du petit prince avait germé un jour, d'une graine apportée d'on ne sait où. Le petit prince avait surveillé de très près cette brindille qui ne ressemblait pas aux autres brindilles. Ça pouvait être un nouveau

■pays des larmes 涙の国 ■pétale m. 花びら

ったら、突然、星がぜんぶ消えるのと同じじゃないか。それが……それが大事じゃないって言うんだ！」

　小さな王子さまは、それ以上何も言えなかった。泣いて、泣いて、泣きとおした。夜になっていた。ぼくはやっていたことをぜんぶやめた。飛行機も、空腹も、死ぬかもしれないことさえ、どうでもよかった。ある星の、惑星の上に――いや、この惑星、ぼくの惑星、この地球に――不幸せな、小さな王子さまがいるのだ！　ぼくは王子さまを抱きよせた。抱きしめて、言った。「きみの愛している花は危ない目になんか遭ってないよ……きみの花を守れるように、何か描いてあげる……ぼく……」なんと言っていいか見当もつかなかった。自分の無力さをいたいほど感じた。どうやったら王子さまの心にとどくのか、わからなかった……。涙の国は、あまりにも遠かった。

第 8 章

　まもなくぼくは、この花についてもっと知ることになった。小さな王子さまの惑星では、いつも単純な花しか生えたことがなかった。花びらは一重で、ある朝、咲いたかと思うと、夕方にはしぼんでいた。でもこの特別な花は、種の時、どこか他の場所から来たに違いない。王子さまは、この変り種が成長するにつれ、注意深く見守った。ほかのどの植物とも違うらしい。新種のバオバブかもしれなかった。ある日、つぼみをつけた。小さな王子さまは、とびきりの花が咲くのだろうと思った。でも花の方では、一向に開く気配が

genre de baobab. Puis, cette brindille a commencé à préparer une fleur. Le petit prince sentait bien que cette fleur serait unique. Mais la fleur n'en finissait pas de se préparer à être belle. Elle choisissait avec soin ses couleurs. Elle s'habillait lentement. Elle voulait apparaître dans toute sa beauté. Eh oui, elle était très coquette ! Sa toilette avait donc duré des jours et des jours. Et puis voici qu'un matin, justement à l'heure du lever du soleil, la fleur s'était montrée.

Après sa grande toilette, la fleur avait dit :

« Ah ! Je me réveille à peine… Je vous demande pardon… Je suis encore toute décoiffée… »

Le petit prince ne pouvait pas contenir son admiration. Il avait dit :

« Que vous êtes belle !

— N'est-ce pas, la fleur avait doucement dit. Et je suis née en même temps que le soleil… »

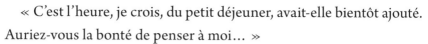

Le petit prince avait bien deviné bien qu'elle n'était pas trop modeste. Mais elle était si jolie et délicate !

« C'est l'heure, je crois, du petit déjeuner, avait-elle bientôt ajouté. Auriez-vous la bonté de penser à moi… »

Et le petit prince, tout confus, avait cherché un arrosoir d'eau fraîche pour servir la fleur.

■ coquet, te うぬぼれが強い ■ toilette f. 身繕い、身支度 ■ contenir 抑制する
■ confus, e 当惑して ■ arrosoir m. じょうろ

なかった。お支度がすんでいないのだ。花は、身にまとう色彩を注意深く選び、ゆっくりと衣装をととのえた。最高に美しいところを披露しなければ。そう、とてもうぬぼれが強かったのだ！ 準備は、何日も何日もかかった。そしてついにある朝、ちょうど太陽が昇るころ、花は開いた。

　あれだけ念入りに準備したのに、花はこう言った。
　「あら！ まだちゃんと目が覚めていませんのよ……失礼いたしますわ……ご覧いただくような状態じゃ、ございませんことよ……」
　小さな王子さまは、思わず叫んだ。

　「なんて美しいんだろう！」
　「そうでしょう？」花はやさしく答えた。「わたくし、朝日が昇る瞬間に生まれましたのよ……」

　うぬぼれの強い花だということは、王子さまにもわかった。でも、こんなに美しくて繊細なのだ！

　「わたくしの朝ごはんの時間だと思いますわ」
花は王子さまに言った。
「もしよろしければ……」
　きまりわるくなって王子さまは、
じょうろに冷たい水を一杯入れ、
花に朝ごはんをあげた。

Ainsi la fleur avait bien vite tourmenté le petit prince par sa vanité. Un jour, par exemple, parlant de ses quatre épines, elle lui avait dit :

« Ils peuvent venir, les tigres. Je n'ai pas peur de leurs griffes !

— Il n'y a pas de tigres sur ma planète, avait dit le petit prince.

— Et puis les tigres ne mangent pas d'herbe.

— Je ne suis pas une herbe, avait doucement répondu la fleur.

— Pardonnez-moi…

— Je ne crains rien des tigres. Mais les courants d'air, ce n'est pas bon pour la santé. Vous n'auriez pas un paravent ? »

« Les courants d'air ne sont pas bons pour sa santé… c'est étrange pour une plante, avait remarqué le petit prince. Cette fleur est bien compliquée… »

« Le soir vous me mettrez sous un globe. Il fait très froid chez vous. C'est mal installé. Là d'où je viens… »

Mais elle s'était interrompue. Elle était venue sous forme de graine. Elle n'avait rien pu connaître des autres mondes. Humiliée, la fleur avait toussé deux ou trois fois :

« Avez-vous un paravent ?

— J'allais le chercher, mais vous me parliez ! »

Alors elle avait toussé encore une fois pour lui infliger des remords.

　花はすぐ、見栄をはっては王子さまを困らせ始めた。たとえばある日、バラの４つのトゲの話をしていたときだった。こう言った。

　「トラでもなんでも来るがいいわ。カギ爪なんて、怖くない！」

　「ぼくの星にトラはいないよ」王子さまは指摘した。「どっちにしても草を食べないし」

　「わたくしは草ではありませんわ」花は甘ったるく言った。

　「ごめん……」

　「トラなんか怖くないことよ。でも、冷たい空気はわたくしの体によくありませんわ。風除けをお持ち？」

　「冷たい空気が体にわるいなんて……植物なのにめずらしい」小さな王子さまは思いました。「この花はだいぶ気難しいんだな……」

　「毎晩、ガラスのケースをかぶせて暖かくしてくださいな。あなたの星はとても寒いんですもの。私が生まれ育ったところでは……」

　花は口をつぐんだ。王子さまの星には種のときに来たのだ。他の星のことなんか、知っているはずがない。ばかな嘘が見え見えになって花は怒り、2、3回咳をした。

　「風除けはお持ちかしら？」

　「今、探しに行こうとしたんだけど、きみが話しかけてきたから！」

　花は、王子さまにやっぱりすまなかったと思わせようとして、また咳をした。

■ vanité f. うぬぼれ　■ globe m.（球形または半球形の）ガラスの覆い、容器
■ humilié, e 傷ついて腹を立てた、侮辱された　■ tousser 咳をする

Ainsi le petit prince, malgré son amour, avait vite douté d'elle. Il avait cru des mots sans importance, et était devenu très malheureux.

« J'aurais dû ne pas l'écouter, il m'a dit un jour. Il ne faut jamais écouter les fleurs. Il faut les regarder et les respirer. Ma fleur embaumait ma planète, mais je ne savais pas m'en réjouir. J'aurais été plus tendre avec elle… »

Il m'a dit encore :

« Je n'ai alors rien su comprendre ! J'aurais dû la juger sur les actes et non sur les mots. Elle rendait le monde plus beau pour moi. Je n'aurais jamais dû m'enfuir ! J'aurais dû deviner sa douceur derrière ses pauvres jeux. Les fleurs sont si difficiles ! Mais j'étais trop jeune pour savoir l'aimer. »

■ J'aurais dû ne pas l'écouter　相手の言う事を聞かない方がよかった　■ tendre avec ～にやさしい

　こうして、王子さまは、愛する花を疑うようになった。花が言うことをずっと信じてきたけれど、今は不幸せだった。

　「花の言うことなんか、聞いちゃいけなかったんだ」ある日、王子さまはぼくに言った。「花が何か言っても、信じるものじゃない。花というのは、ながめて、香りをかぐだけにするのが一番いいんだ。花のおかげでぼくの星全体が美しくなったのに、ぼくはそれを楽しめなかった。もっとやさしくするべきだったんだ……」

　王子さまは続けて言った。

　「ぼくは、この花のことが本当はわかっていなかったんだ！　花の言うことじゃなく、することで判断すべきだったんだ。花は、ぼくの世界を美しくしてくれた。ぼくは花のそばを離れるべきじゃなかったんだ！　ばからしい駆け引きの奥にあるやさしさに気付くべきだったんだ。花というのは、どれも本当にてこずるものだ！　ぼくはあまりに子どもで、どうやって花を愛したらいいか、わからなかったんだ」

役立つフランス語表現

【être content】 うれしい

Ah ! Je suis content.（p.42，9行目）
そうか！ よかった。

　基本的な表現です。他にもうれしい気持ちをあらわす表現をいくつかまとめておきましょう。

　　【類似表現】Je suis heureux.　幸せだ。

　　　　　　　Je suis ravi.　（うっとりするくらい）うれしい。

　　　　　　　Cela me fait plaisir.　それはうれしいなあ。

　　　　　　　Quelle bonne nouvelle !　なんていい知らせだろう！

　　　　　　　Je suis tout à la joie de cette nouvelle.
　　　　　　　その知らせを聞き、喜びで胸がいっぱいです。

【peu à peu】 少しずつ　ようやく

J'ai compris, peu à peu, ainsi, ta petite vie mélancolique.（p.48，1–2行目）
それでぼくはようやく、君が小さくて物悲しい人生を送ってきたことを理解できた。

　peu à peu のように同じ語を繰り返して漸増的な副詞句を形成します。他のパターンをあげてみましょう。

■ petit à petit　少しずつ

　Petit à petit, le ciel s'éclaircit.
　少しずつ空が晴れてくる。

■ pas à pas　一歩一歩

　Nous avançons pas à pas les négociations.
　われわれは一歩一歩進めている。

■ jour après jour　来る日も来る日も、毎日

Pierre a écrit à Marie jour après jour.
ピエールは毎日毎日マリーに手紙を書いた。

■ des jours et des jours　何日も何日も

Sa toilette avait donc duré des jours et des jours.（p.58，5–6行目）
彼女は身支度に何日も何日もかかった。

【servir à A】　Aの役に立つ

> Les épines, ça ne sert à rien.（p.52，6行目）
> トゲなんて、なんの役にも立ちはしないよ。

　この例文では、主語の「トゲ（Les épines）」は複数形ですが、「そんなもの（ça）」と言い換えたため、動詞servirは三人称単数形でçaに一致しています。servirは、前置詞àをとったときは「～の役に立つ」、deをとったときは「～として役に立つ」という意味になります。

【例文】Le chocolat sert à attirer les femmes et les enfants.
　　　　チョコレートは女性と子供の気をひくのに役に立つ。

　　　　Le chocolat sert de moyen d'avouer.
　　　　チョコレートは愛の告白の道具として役に立つ。

se servir de ～　　～を使う、という表現も覚えておきましょう。

【例文】Je peux me servir de ton ordinateur?
　　　　コンピューターを使ってもいい？

　　　　Servez-vous de viande, s'il vous plaît.
　　　　お肉をご自由に（自分で）おとりください。

【éclater en sanglots】 泣き出す

> Il a éclaté brusquement en sanglots.（p.56, 3行目）
> 彼は突然泣き出した。

動詞＋付帯状況（en ＋名詞）の形。en を使って状況を付け加えます。

- **en désordre**　散らかって
  Ma chambre est en désordre.　私の部屋は散らかっている。

- **en bonne santé**　健康で
  L'équipe d'exploration est rentrée en bonne santé.
  探検隊は健康状態も良好で帰還した。

【avoir la bonté de ＋ inf. ～】 親切にも～する

> Auriez-vous la bonté de penser à moi…（p.58, 下から3行目）
> もしよろしければ（私のことをお考えくださるならば）…

動詞の時制が条件法をとり、「もしもできましたら…」とていねいな気持ちをこめています。ていねいな提案をするときの表現を覚えておきましょう。

- **Ce serait indscret de ＋ inf. ～**　失礼ですが～、～したら失礼とは存じますが
  Ce serait indiscret de vous demander votre âge?
  失礼ですが、お年はいくつですか？

- **Je craindrais d'être indiscret de ＋ inf. ～**　～したら失礼かと存じますが
  Je craindrais d'être indiscret en m'adressant directement à lui.
  直接彼のところに問い合わせても失礼ではないかと存じますが。

【connaître】 知る、知っている

> Elle n'avait rien pu connaître des autres mondes. （p.60、下から6行目）
> 彼女が他の世界のことを知っているなんてあり得ない。

　フランス語「知る」という動詞では他にsavoirがあります。こちらは、①queを伴って「（～ということ）を知っている」と、②「能力を備えている」という時に使われます。

- savoir que　（名詞句を取る場合）～ということを知っている

　Savez-vous qu'il a réussi à l'exament?
　彼が試験に合格したってことを知っています？

- savoir ＋ inf.　（能力を備えている）～することができる

　Marie sait jouer du piano.
　マリーはピアノを弾くことができる。

【se réjouir de～】 ～について嬉しく思う、楽しむ

> Je ne savais pas m'en réjouir. （p.62、5行目）
> ぼくはそれを楽しめなかった。

　en は de cela（このことについて）。その前の文の「ぼくの星全体が美しくなったこと」を受けています。「～を楽しむ」で、似た表現をさがしてみましょう。

- s'amuser à～　～をして楽しむ、遊ぶ

　Les enfants s'amusent à jouer au football.
　子どもたちがサッカーをして遊ぶ。

- se divertir à～　～をして楽しむ、気晴らしに～する

　Les enfants se divertissent à jouer au football.
　子どもたちが気晴らしにサッカーをして遊ぶ。

- s'égayer à ～ ～をして楽しむ、陽気になる。

  Les enfant s'égayent à plaisanter.
  子どもたちは冗談を言って陽気にふるまう。

【trop ～ pour ...】 あまり～なので…できない

> J'étais trop jeune pour savoir l'aimer.（p.62，下から2–1行目）
> ぼくは若すぎて彼女の愛しかたがわからなかったんだ。

英語でいうところの too ～ to…構文です。別の言い方で表現してみましょう。si ～ que…の形で、英語の so that 構文に書き換えることもできますし、empêcher（～を妨げる）という動詞を使っても換えられます。

- si ～ que… あまり～なので…

  J'étais si jeune que je ne savais pas l'aimer.
  ぼくは若すぎて彼女の愛しかたがわからなかったんだ。

- empêcher ～を妨げる

  Ma jeunesse empêchait de savoir l'aimer.
  ぼくの若さが、彼女の愛し方を理解する妨げとなっていた。

La Troisième Partie

---- ✴ ----

les chapitres 9-12

IX

Je crois qu'il a profité d'une migration d'oiseaux sauvages pour son évasion. Au matin du départ, il a mis sa planète bien en ordre. Il a ramoné soigneusement ses volcans en activité. Il possédait deux volcans en activité. C'était bien commode pour faire chauffer le petit déjeuner du matin. Il possédait aussi un volcan éteint. Mais, comme il disait : « On ne sait jamais ! » Il a donc également ramoné le volcan éteint. S'ils sont bien ramonés, les volcans brûlent doucement et régulièrement, sans problème.

Le petit prince a arraché aussi les dernières pousses de baobabs. Il était triste parce qu'il croyait ne plus jamais revenir. Quand il s'est préparé à mettre sa fleur sous son globe pour la dernière fois, il avait l'envie de pleurer.

« Adieu », il a dit à la fleur.

Mais elle n'a pas répondu.

« Adieu », il a dit.

La fleur a toussé. Mais ce n'était pas à cause du froid.

■ mettre en ordre 整理する、整頓する　■ volcan en activité *m.* 活火山　■ volcan éteint *m.* 休火山

第 9 章

　野生の鳥たちが、王子さまが星を離れるのを助けてくれたらしい。出発の朝、王子さまは星をきれいに整えた。活火山を注意深く掃除した。活火山は二つあって、朝ごはんの支度に重宝したものだった。休火山もあった。でも王子さまは、「わからないからね！」と言っては掃除をしていた。
きれいに掃除できているかぎり、火山は静かに燃えて、
問題を起こさなかった。

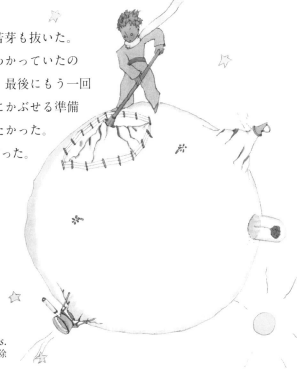

　新しく出てきたバオバブの若芽も抜いた。
この星には二度と戻らないとわかっていたの
で、王子さまは悲しくなった。最後にもう一回
だけ、ガラスのケースをバラにかぶせる準備
をしたとき、王子さまは泣きたかった。
　「さよなら」王子さまは花に言った。
　花は答えなかった。
　「さよなら」もう一度、
言ってみた。
　花は咳をした。寒いか
らではなかった。

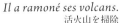

Il a ramoné ses volcans.
活火山を掃除

« J'ai été sotte », elle lui a dit enfin. « Je te demande pardon. Tâche d'être heureux. »

Le petit prince était surpris par l'absence de reproches. Il restait là tout déconcerté. Il ne savait quoi faire. Il ne comprenait pas cette douceur calme.

« Mais oui, je t'aime », la fleur lui a dit. « Tu n'en a rien su, par ma faute. Cela n'a aucune importance maintenant. Mais tu as été aussi sot que moi. Tâche d'être heureux... Laisse ce globe tranquille. Je n'en veux plus.

— Mais l'air frais de la nuit...

— Je ne suis pas si faible que ça... L'air frais de la nuit me fera du bien. Je suis une fleur.

— Mais les bêtes...

— Il faut bien que je supporte deux ou trois chenilles, si je veux connaître les papillons. Il paraît que c'est tellement beau. Sinon qui me rendra visite ? Tu seras loin, toi. Quant aux grosses bêtes, je ne crains rien. J'ai mes griffes. »

Et elle montrait naïvement ses quatre épines. Puis elle a dit :

« Ne traîne pas comme ça. Tu as décidé de partir. Va t-en. »

Elle n'aimait pas qu'il la vît pleurer. C'était une fleur tellement orgueilleuse...

■ supporter 我慢する、耐える ■ chenille f. いも虫、毛虫 ■ traîner ぐずぐずする、引きずる

「わたくし、ばかでしたわ」とうとう花が言った。「あんな仕打ちをしてご
めんなさいね。幸せになってね」

　小さな王子さまは、自分が去ることで花が怒っていないのに驚いた。王子
さまは立ち尽くした。どうしてよいか、わからなかった。花がどうしておっ
とりと優しいのか、わからなかった。

「あなたを愛しているわ」花は言った。「でもあなたは知らなかったのよね。
わたくしの仕打ちのせいで。でももう、どうでもいいことよ。あなたもわた
くしとおなじくらいばかだったのよ。幸せになってね。ケースのことは心配
しないで。もういらないの」

「でも冷たい夜の空気が……」

「わたくし、そこまで弱くありませんわ……。新鮮な夜気は体にいいのよ。
わたくしは花ですもの」

「でも野生の動物が……」

「蝶々に会いたければ、毛虫の一つや二つ、我慢しなければ。蝶々ってと
ても綺麗だって聞いたことがあるわ。それに、他にだれが訪ねてきてくれる
っていうの？　あなたは遠くへ行ってしまう。野生動物なんて、恐くないわ。
トゲがあるんですもの」

　花は無邪気に４つのトゲを見せた。そして言った。

「突っ立っていないでくださいな。行くと決めたんでしょう。お行きなさ
いよ」

　王子さまに、泣くところを見られたくなかったのだ。ほんとうにプライド
の高い花だった……。

X

Le petit prince s'est trouvé dans la région des astéroïdes 325, 326, 327, 328, 329 et 330. Il a donc commencé par les visiter pour s'instruire. Il voulait aussi chercher une occupation.

Le premier astéroïde était habité par un roi. Le roi était assis sur un trône simple et cependant majestueux. Il portait un magnifique manteau pourpre.

« Ah ! Voilà un sujet ! » a dit le roi quand il a vu le petit prince.

Et le petit prince s'est demandé :

« Comment peut-il me reconnaître ? Il ne m'a encore jamais vu. »

Il ne savait pas que, pour les rois, le monde est très simplifié. Tous les hommes sont des sujets.

« Approche-toi que je te voie mieux », lui a dit le roi. Le roi était tout fier d'avoir enfin un sujet.

Le petit prince a cherché des yeux où s'asseoir. Mais la planète était tout encombrée par le magnifique manteau pourpre. Le petit prince est donc resté debout. Et, comme il était fatigué, il a bâillé.

■ 場所 + être habité, e par A ～にＡが住んでいる、～にはＡが住み着いている
■ trône *m.* 王座 ■ chercher 探す ■ bâiller あくびをする

第10章

　小さな王子さまは、小惑星325、326、327、328、329、330のそばに来ていた。一つずつ、見て回ろうと決めた。星のことを知りたかったし、何かすることを見つけたかったのだ。

　最初の小惑星には、王さまが住んでいた。王さまは素晴らしい紫のローブを着て、シンプルで、でも美しい王座にすわっていた。

「ほほう、臣民が来たわい！」小さな王子さまを見て、王さまは叫んだ。

　小さな王子さまは心の中で思った。

「ぼくが何者だって、どうしてわかるんだろう？　今までぼくを見たこともなかったのに」

　小さな王子さまは、王さまというものにとって、世界は非常に単純明快なところだと知らなかったのだ。なにしろ人間はみんな自分の臣民なのだから。

「もっとよく見えるように近寄ってまいれ」王さまは言った。ついに臣民ができたので、とても誇らしかったのだ。

　小さな王子さまはすわる場所を探した。でも星中が王さまのローブで一杯だったので、立ったままでいた。疲れていたので、あくびが出た。

Le roi lui a dit :

« Il est contraire à l'étiquette de bâiller en présence d'un roi. Je t'interdis de bâiller. »

« Je ne peux pas m'en empêcher », a dit le petit prince. Il était désolé. « J'ai fait un long voyage et je n'ai pas dormi… »

« Alors, a dit le roi, Je t'ordonne de bâiller. Je n'ai vu personne bâiller depuis des années. Les bâillements m'intéressent. Allons ! bâille encore. C'est un ordre.

— Ça m'intimide… je ne peux plus… »
a dit le petit prince. Il était tout
rougissant.

« Hum ! Hum ! a dit le roi.
Alors je… je t'ordonne
tantôt de bâiller et tantôt
de… » Il ne parlait plus.
Il paraissait vexé.

■ interdire à A de +*inf.* Aに〜するのを禁止する　■ être tout rougissant 顔を真っ
赤にしている

76

　王さまは言った。
　「王さまの前であくびをするのは許されておらん。あくびをやめるように命令するぞ」
　「つい、出てしまったんです」小さな王子さまは、申し訳なく思いながら答えた。「長い旅をして来て、寝ていないんです……」
　「それならば」王さまは言った。「あくびをするよう命ずるぞ。あくびをするところを何年も見ていないからな。あくびは面白い。そら！ もう一度、あくびをせい。これは命令だぞ」
　「それでは決まりがわるくて……。もうあくびはできません」赤くなりながら、小さな王子さまは言った。

　「ふむ！ ふむ！」王さまは言った。「では……、では時々あくびをするように命令するぞ。そしてまた時々は……」
　王さまはしゃべるのをやめてしまった。不機嫌そうだった。

Le roi tenait essentiellement à ce que son autorité soit complète. C'était un monarque absolu. Mais comme il était très bon, il donnait des ordres raisonnables.

« Si j'ordonnais à un général de se changer en oiseau de mer, et si le général n'obéissait pas, ce ne serait pas la faute du général. Ce serait ma faute », disait le roi.

« Puis-je m'asseoir ? le petit prince a demandé.

— Je t'ordonne de t'asseoir », lui a répondu le roi. Il a ramené attentivement son manteau pourpre.

Mais le petit prince s'étonnait. La planète était très petite. Sur quoi le roi pouvait-il bien régner ?

« Sire, le petit prince lui a dit… je vous demande pardon de vous interroger…

— Je t'ordonne de m'interroger, a dit le roi.

— Sire… sur quoi régnez-vous ?

— Sur tout, a répondu le roi.

— Sur tout ? » a demandé le petit prince.

Le roi d'un geste discret a désigné sa planète, les autres planètes et toutes les étoiles.

« Sur tout ça ? a dit le petit prince.

— Sur tout ça… » a dit le roi.

■ essentiellement とりわけ ■ complet, ète 完全な ■ raisonnable 分別のある
■ général m. 大将 ■ obéir 従う ■ régner 支配する ■ Sire 陛下 (呼びかけ)

　王さまの一番の望みは、完全な権力を持っているといつも実感できることだった。王さまの支配は完全で、疑問の余地がないものだった。でも、王さまはとても賢明だったので、出す命令はいつも筋の通ったものだった。

　「もしわしが将軍に鳥に姿を変えよと命令したとして、将軍が従わなかったら、それは将軍がわるいのではない。わしがわるいのだ」

　「すわってもいいでしょうか」小さな王子さまはたずねた。

　「すわるよう、命令するぞ」王さまは答え、気をつけながら紫のローブをずらした。

　でも小さな王子さまはびっくりした。この星は本当に小さかったのだ。王さまは何を治めているのだろう。

　「陛下」小さな王子さまは言った。「こんなことをおたずねするのをお許しください……」

　「たずねるよう、命令するぞ」王さまは急いで言った。

　「陛下……、陛下はいったい何を治めていらっしゃるのですか」

　「すべてだ」王さまは答えた。

　「すべて？」

　王さまは手を振って、自分の惑星、他の惑星、それからすべての星々を指した。

　「これをぜんぶ？」

　「これをぜんぶだ……」王さまは答えた。

Car non seulement c'était un monarque absolu — c'était aussi un monarque universel.

« Et les étoiles vous obéissent ?

— Bien sûr, lui a dit le roi. Elles obéissent aussitôt. Je ne tolère pas l'indiscipline. »

Un tel pouvoir émerveillait le petit prince. S'il l'avait détendu lui-même, il aurait pu assister, non pas à quarante-quatre, mais à soixante-douze, ou même à cent, ou même à deux cents couchers de soleil dans la même journée, sans avoir jamais à tirer sa chaise ! Et il se sentait un peu triste à cause du souvenir de sa petite planète abandonnée. Il a sollicité une grâce au roi :

« Je voudrais voir un coucher de soleil... Faites-moi plaisir... Ordonnez au soleil de se coucher...

— Si j'ordonnais à un général de voler d'une fleur à l'autre à la façon d'un papillon, si le général n'exécutait pas l'ordre reçu, qui, de lui ou de moi, serait dans son tort ?

— Ce serait vous, a fermement dit le petit prince.

— Exact. Il faut exiger de chacun ce que chacun peut donner, le roi a dit. L'autorité repose d'abord sur la raison. Si tu ordonnes à ton peuple d'aller se jeter à la mer, il fera la révolution. J'ai le droit d'exiger l'obéissance parce que mes ordres sont raisonnables.

■ abandonner 捨てること、放棄 ■ tort 間違い、誤り ■ fermement 断固として
■ faire la révolution 手向かう

王さまの支配というのは、完全なだけでなく、すべてのものに及ぶのだったから。

「星たちも王さまの命令に従うのですか」

「もちろんだ」王さまは言った。「星たちはわしの言うことを完ぺきに聞くぞ。従わないなどと、許さん」

あまりにも強大な権力に、小さな王子さまはショックを受けた。もしそんな権力が自分にあったら、日の入りを、1日に44回だけでなく、72回、100回、いや200回でも、椅子も動かさずに見ることができただろう。小さな王子さまは、あとに残してきた自分の小さな星のことを考えてなんだか悲しくなった。そして王さまにお願いをすることにした。

「日の入りが見たいのです……。かなえてくださいますか？　日の入りを起こしてください……」

「もしわしが将軍に、蝶のように花から花へと飛び回るよう命令したとして、将軍が従わなかったら、それはだれがわるいのじゃ——将軍か、わしか？」

「王さまがわるいことになります」小さな王子さまはきっぱりと答えた。

「そのとおりじゃ。王さまとして、わしは臣民一人ひとりができることを命令せねばならん」王さまは言った。「わしの権力はわしの理性の賜物じゃ。わしが臣民に海に飛び込むよう命令したら、やつらは反乱を起こすであろう。わしは筋の通った命令をするから、王さまとして治める権利があるのだぞ」

— Alors mon coucher de soleil ? a demandé le petit prince. Il n'oubliait jamais une question une fois qu'il l'avait posée.

— Tu auras ton coucher de soleil. Je l'exigerai. Mais j'attendrai que les conditions soient favorables.

— Quand ça sera-t-il ? a dit le petit prince.

— Hem ! Hem ! a dit le roi. Il a consulté un gros calendrier. Hem ! Hem ! Ce sera, vers… vers… ce sera ce soir vers sept heures quarante ! Et tu verras comme je suis bien obéi. »

Le petit prince a bâillé. Il regrettait son coucher de soleil manqué. Et puis il s'ennuyait :

« Je n'ai plus rien à faire ici, a-t-il dit au roi. Je vais repartir !

— Ne pars pas, a répondu le roi a. Il était si fier d'avoir un sujet.

— Ne pars pas, je te fais ministre !

— Ministre de quoi ?

— De… de la Justice !

— Mais il n'y a personne à juger !

— On ne sait pas, a dit le roi. Je n'ai pas fait encore le tour de mon royaume. Je suis très vieux. Je n'ai pas de place pour un carrosse, et ça me fatigue de marcher.

— Oh ! Mais j'ai déjà vu, a dit le petit prince. Il s'est penché pour jeter encore un coup d'œil sur l'autre côté de la planète. Il n'y a personne là-bas non plus…

— Tu te jugeras donc toi-même, a répondu le roi. C'est le plus difficile. Il est bien plus difficile de se juger soi-même que de juger autrui. Si tu réussis à bien te juger, c'est que tu es un véritable sage.

■ Tu auras ton coucher de soleil おまえに日没を見せてやろう ■ regretter son coucher de soleil manqué 日の入が見られなかった事を残念に思う ■ s'ennuyer 退屈する、うんざりする ■ je vais repartir ! もう行く事にします ■ ministre m. 大臣

「日の入りはどうなるのでしょうか？」小さな王子さまはたずねた。一度聞いた質問は絶対に忘れないのだ。

「日の入りは見せてやろう。わしが命令する。しかし、ちょうどよい時間まで待つとしよう」

「ちょうどよい時間とはいつですか」小さな王子さまは聞いた。

「えへん！えへん！」王さまは答えた。大きなカレンダーを見て、「えへん！えへん！それはだいたい……だいたい……、それはだな、今晩の7時40分ごろであろう！ わしの命令がどれだけきちんと実行されているか、見るがよいぞ」

小さな王子さまはあくびをした。日の入りが見たかった。それに、退屈だった。

「ここでは、他にすることもありません」小さな王子さまは王さまに言った。「もう行くことにします！」

「行ってはならん」王さまは答えた。臣民がいるのが得意でならなかったのだ。「行ってはならん——お前を大臣にしよう！」

「何の大臣ですか？」

「その……、司法大臣じゃ！」

「でもここには、裁く相手がいないじゃありませんか！」

「それはわからんぞ」王さまは言った。「わしも王国すべてをまだ見ておらん。わしは高齢で、旅行の手段がないし、歩くと疲れるのでな」

「ああ！ でもぼくはもう見ました」小さな王子さまは言った。惑星の裏側をのぞいてみた。「あちら側にも、だれも住んでいませんよ」

「それでは、自分を裁くのじゃ」王さまは言った。「これが一番難しい。自分を裁くのは他人を裁くよりずっと難しいのじゃぞ。自分を裁くことができれば、それは非常に賢いやつじゃ」

■ justice *f.* 司法　■ Je n'ai pas de place pour un carrosse　旅行するほどの余裕がない
■ sage *m.* ここでは聡明な人

— Moi, a dit le petit prince, je peux me juger moi-même n'importe où. Je n'ai pas besoin d'habiter ici.

— Hem ! Hem ! a répondu le roi. Je crois bien que sur ma planète il y a quelque part un vieux rat. Je l'entends la nuit. Tu pourras juger ce vieux rat. Tu le condamneras à mort de temps en temps. Ainsi sa vie dépendra de ta justice. Mais tu le gracieras chaque fois pour l'économiser. Il n'y en a qu'un. »

« Moi, a dit le petit prince, je n'aime pas condamner à mort. Je crois bien que je m'en vais.

— Non, a dit le roi.

Le petit prince ne voulait pas peiner le vieux monarque :

— Votre Majesté pourrait me donner un ordre raisonnable. Elle pourrait m'ordonner, par exemple, de partir avant une minute. Il me semble que les conditions sont favorables… »

Le roi n'a pas répondu. Le petit prince a d'abord hésité. Puis, avec un soupir, il a pris le départ…

« Je te fais mon ambassadeur », a crié le roi.

Il avait un grand air d'autorité.

« Les grandes personnes sont bien étranges », s'est dit le petit prince, en lui-même, durant son voyage.

■ de temps en temps ときどき ■ économiser 無駄にしない、節約する ■ Votre Majésté 陛下（呼びかけ）■ soupir m. ため息 ■ ambassadeur m. 大使

「自分を裁くのは、どこにいてもできます」小さな王子さまは言った。「ここに住んでいなくてもできることです」

「えへん！えへん！」王さまが言った。「わしの惑星のどこかに、年寄りのネズミが住んでおるはずじゃ。夜になったら聞こえるからな。この年寄りネズミを裁判にかけるのじゃ。時々、死刑を宣告するがよい。だがその度に、生かしておくのじゃぞ。無駄をしてはいかん。やつ1匹しかいないのじゃからな」

「だれかを死刑にするなんて、嫌です」小さな王子さまは言った。「ぼく、もう行かなきゃ」

「だめじゃ」王さまは言った。

小さな王子さまは、年老いた王さまを怒らせたくなかった。

「陛下、一つ、筋の通った命令をくださるのはいかがでしょう。たとえば、1分以内にここを去るという命令を。ちょうどよい時間だと思いますが……」

王さまは答えなかった。小さな王子さまはもう少し待ってみて、ため息をつきながら、王さまの惑星を去った。

「お前を大使に任命するぞ」王さまは急いで叫んだ。

権力者のような口ぶりだった。

「おとなって、かなり変わってるんだなあ」去りながら、小さな王子さまは思った。

XI

La seconde planète était habitée par un vaniteux.

« Ah ! Voilà la visite d'un admirateur ! » a dit le vaniteux.

Car, pour les vaniteux, les autres hommes sont des admirateurs.

« Bonjour, a dit le petit prince. Vous avez un drôle de chapeau.

— C'est pour saluer, lui a répondu le vaniteux. C'est pour saluer quand on m'acclame. Malheureusement il ne passe jamais personne par ici.

— Ah oui ? a dit le petit prince. Il ne comprenait pas.

— Frappe tes mains l'une contre l'autre », a dit le vaniteux.

Le petit prince a frappé ses mains l'une contre l'autre. Le vaniteux a salué modestement en soulevant son chapeau.

« Ça c'est plus amusant que la visite au roi », s'est dit en lui-même le petit prince. Et il a recommencé à frapper ses mains l'une contre l'autre. Le vaniteux a recommencé de saluer en soulevant son chapeau.

Après cinq minutes d'exercice le petit prince s'ennuyait. « Et, pour que le chapeau tombe, il a demandé, que faut-il faire ? »

■ admirateur *m.* 崇拝者　■ saluer 挨拶をする　■ acclamer 〜を誉めそやす　■ frapper ses mains 手を叩く　■ soulever son chapeau 自分の帽子を持ち上げる

第11章

　2つ目の惑星には、とてもうぬぼれの強い
男が住んでいた。

　「ははあ、ファンが来たぞ！」小さな王子さ
まを見かけたとたん、彼は叫んだ。

　うぬぼれ屋には、だれもがファンに見えるのだ。

　「おはよう」小さな王子さまは言った。「変わった帽子をかぶってるね」

　「この帽子はご挨拶用なのさ」うぬぼれ屋は言った。「人が誉めそやしてく
れるときに、この帽子をちょいと持ち上げるのさ。不幸なことに、ここまで
やってくる人はいないがね」

　「ほんとう？」小さな王子さまは言った。わけがわからなかったのだ。

　「手をたたいてごらん」うぬぼれ屋は言った。

　小さな王子さまは手をたたいた。うぬぼれ屋は帽子を片手で持ち上げて、
挨拶した。

　「こっちのほうが、王さまのところより面白そうだぞ」小さな王子さまは
心の中で思った。そして、さらに拍手をした。うぬぼれ屋はまた、帽子を持
ち上げて挨拶した。

　5分ほど手をたたき続けたら、小さな王子さまは飽きてしまった。

　「どうして帽子を持ち上げて挨拶するの？」小さな王子さまはたずねた。

Mais le vaniteux ne l'entendait pas. Les vaniteux n'entendent jamais que les louanges.

« Est-ce que tu m'admires vraiment beaucoup ? a demandé le vaniteux au petit prince.

— Qu'est-ce que signifie "admirer" ? a demandé le petit prince.

— "Admirer" signifie reconnaître que je suis l'homme le plus beau, le mieux habillé, le plus riche et le plus intelligent de la planète. »

— Mais tu es seul sur ta planète !

— Fais-moi ce plaisir. Admire-moi quand-même !

— Je t'admire, a dit le petit prince, qui ne comprenait pas. Mais en quoi cela peut-il bien t'intéresser ? »

Et le petit prince s'en est allé.

« Les grandes personnes sont décidément bien bizarres», s'est-il dit en lui-même durant son voyage.

 # XII

La planète suivante était habitée par un buveur. Cette visite était très courte, mais elle a plongé le petit prince dans une grande tristesse :

■intelligent, e 頭の良い　■buveur *m.* 酒飲み、のんべえ

けれど、うぬぼれ屋には小さな王子さまの声が聞こえまなかった。うぬぼれ屋というのは、称賛以外は耳に入らないのだ。

「きみは、本当におれを称賛してる？」彼は小さな王子さまにたずねた。

「『称賛する』って、どういうこと？」小さな王子さまは言った。

「称賛するっていうのは、おれのことをこの惑星で一番かっこよくて、一番素敵な服を着ていて、一番お金持ちで、一番頭がいいと思うってことさ」

「だけど、この惑星にはきみしかいないじゃないか！」

「どうでもいいから、おれを称賛しておくれよ！」

「きみを称賛するよ」わけがわからないまま小さな王子さまは言った。「だけど、それがどうしてそんなに大事なの？」

そして、小さな王子さまはその惑星を去った。

「おとなって、本当にものすごく変わってるんだな」旅を続けながら、小さな王子さまは心の中で言った。

第１２章

次の惑星には、のんべえが住んでいた。小さな王子さまはこの惑星には少しの間しかいなかったが、ものすごく悲しくなった。

« Que fais-tu là ? » a-t-il dit au buveur. Il a trouvé le buveur installé devant une grande collection de bouteilles. Quelques bouteilles étaient vides et les autres étaient pleines.

Le buveur a répondu : « Je bois », d'un air lugubre.

« Pourquoi bois-tu ? lui a demandé le petit prince.

— Pour oublier, a dit le buveur.

— Pour oublier quoi ? a demandé le petit prince, qui déjà le plaignait.

— Pour oublier que j'ai honte, a le buveur avoué en baissant la tête.

— Honte de quoi ? a demandé le petit prince. Il désirait secourir le buveur.

— Honte de boire ! » a dit le buveur. Il ne parla plus.

Et le petit prince s'en est allé. Il ne comprenait pas ce qu'il avait vu.

« Les grandes personnes sont décidément très, très bizarres », se disait-il en lui-même.

　「ここで何をしているの？」小さな王子さまはのんべえにたずねた。のんべえの前にはたくさんの瓶があった。空のものもあれば、いっぱいのものもある。

　「飲んでるんだよ」のんべえは、うつろな声で答えた。

　「どうして飲むの？」小さな王子さまはたずねた。

　「忘れるためさ」のんべえは答えた。

　「何を忘れるの？」もう気の毒になりながら、小さな王子さまはたずねた。

　「この嫌な気持ちを忘れるためさ」椅子にますます沈みこみながら、のんべえは答えた。

　「どうして嫌な気持ちになるの？」小さな王子さまはたずねた。のんべえを助けたかったのだ。

　「飲むからだよ！」のんべえは答えた。そしてもう、何も言わなかった。

　小さな王子さまはその星をあとにした。そこで目にしたことの意味がわからなかった。

　「おとなって、本当に、とてもとても変わってるなあ」彼はつぶやいた。

【profiter de A pour B】 Aを利用してBをする

Il a profité d'une migration d'oiseaux sauvages pour son évasion.
（p.70, 1–2行目）
彼（王子さま）は野性の鳥たちの移動を利用して、脱出した。

profiter の代わりに se servir を使って、次のように言い換えることもできます。

　　Il s'est servi d'une migration d'oiseax sauvages pour son évasion.

似た動詞を見てみましょう。

- bénéficier à ～　　～に利する、～のためになる

　Ses efforts bénéficieront à son avenir.
　彼がした努力は将来のためになるだろう。

- exploiter　　活用する、利用する

　Il est devenu comédien en exploitant ses dons.
　彼は自分の才能を活かして役者になった。

【tâcher de + inf.】 ～しようと努める

Tâche d'être heureux.（p.72, 1–2行目）
幸せになってね。

Tâche は tâcher の二人称命令形です。
以下の動詞も覚えておきましょう。いずれも「～しようと努力する」という意味です。

- chercher à ～

　Pierre cherche à comprendre Marie.
　ピエールはマリーの言うことを理解しようとする（探求する）。

- s'efforcer de ～

　Pierre s'efforce de plaire à Marie.
　ピエールはマリーに気に入られようと努める（努力する）。

■ essayer de ～

Pierre essyaie de terminer son travail tout seul.
ピエールはひとりで仕事を終わらせようと努力する（試みる）。

■ tenter de ～

Pierre a tenté de soulever le gros sac de Marie, mais en vain.
ピエールはマリーの大きな鞄を持ち上げようと努力した（試みた）が、無駄に終わった。

【habiter】 ～に住んでいる

Le premier astéroïde était habité par un roi.（p.74，4行目）
最初の小惑星には、王さまが住んでいた。

habiterは能動態で使われるのが一般的ですが、ここでは、小惑星を主語にして述べることで、その後で、2番目の惑星は…3番目の惑星は…と語っていけるようにしてあります。住む場所（惑星）が主語になるので、受動態の形をとっています。能動態は以下のようになります。

Un roi habitait le premier astéroide.
ひとりの王さまが一番目の惑星に住んでいました。

「住む」を他の動詞で表現すると、次のようなものがあります。

■ demeurer à ～ （habiter よりも文語的）

Il a demeuré à cette maison pendant dix ans.
彼はその家に10年間住んだ。

■ résider à ～ 居住する、滞在する

Il a résidé à l'étranger pendant la guerre.
彼は戦争中、海外に滞在したことがある。

■ loger 住む、泊まる

Je vais loger cet hôtel ce soir.
私は今夜このホテルに宿泊しよう。

【contraire à A】 Aに反する

> Il est contraire à l'étiquette de bâiller en présence d'un roi.
> （p.76，2行目）
> 王さまの前であくびをするのは儀礼に反するぞ。

　相手をたしなめたり、禁止を促したりする言い方として、このような表現もおさえておきましょう。

- défense（f.）de +inf.　〜することの禁止
  Defense de fumer　禁煙

- être interdit de + inf.　〜することを禁ずる
  Il est interdit de fumer.　禁煙です。

- prohibition（f.）de　〜することの法的禁止
  Prohibition de la pêche　禁漁

【paraître】 〜のように見える

> Il (= Le roi) paraissait vexé.（P76，下から1行目）
> 王さまは不機嫌そうだった。

paraître は非人称主語の Il を使って次のような表現をとります。

- Il me paraît profitable d'écouter le professeur.
  先生の話に耳を傾けることは有益だとぼくは思うよ。

Il paraît 〜の他に、Il me semble 〜を用いることもできます。

- Il me semble profitable d'écouter le professeur.

【tenir à A】 Aに執着する、Aを強く望む、Aに原因がある

> Le roi tenait essentiellement à ce que son autorité soit complète.
> （p.78，1行目）
> 王さまの一番の望みは、完全な権力をもっていると実感できることだった。

　tenir は幅広い使われ方をする動詞なので、例文で覚えてしまった方が、整理しやすいと思います。

■ 執着する

Pierre tient à Marie.
ピエールはマリーにご執心だ。

■ 強く望む

Pierre tenait à nous rejoindre.
ピエールはどうしてもわれわれに合流すると言ってきかなかった。

■ ～が原因だ

Cette échec tient à ce que Pierre se soit réveillé si tard.
その失敗はピエールが寝坊したことが原因だ。

【tel】 このような～

> Un tel pouvoir émerveillait le petit prince.（p.80，6行目）
> このあまりにも強大な権力は星の王子さまをびっくりさせた。

　tel を使った表現です。

■ tel A, tel B. Aであるように、Bである。

Tel père, tel fils.
この父にして、この子あり。

- **tel que A**　Aのような

Marie est telle que sa mère.
マリーは母親に似ている。

- **à tel point que**　あまりに〜なので

Pierre est resté stupéfait à tel point qu'il ne pouvait parler aucun mot.
ピエールはあまりにもびっくりして、一言も発することができなかった。

【une fois que 〜】　いったん〜したら…

Il (= Le petit prince) n'oubliait jamais une question une fois qu'il l'avait posée.（p.82，1–2行目）
彼（王子さま）はいったん自分がした質問は忘れたことがない。

une fois（一度）を使った表現を見てみましょう。

- **une fois**　いったん〜したら…

Une fois dans sa chambre, Pierre s'est endormi.
部屋に入るなり、ピエールは眠り込んでしまった。

- **il y avait une fois 〜**（ = Il était une fois 〜）　昔々〜

Il y avait une fois un vieil homme et une vielle femme dans un village.
（Il était une fois un vieil homme et une vieille femme dans un village.）　昔々ある村におじいさんとおばあさんがいました。

Il était une fois un petit prince.
昔あるところに小さな王子さまがおりました。（p.32，下から3行目）

- **pour une autre fois**　また次の機会に

Je me réjouis dans la pensée de vous revoir pour une autre fois.
また今度お会いできるのを楽しみにしています。

La Quatrième Partie

---- ✳ ----

les chapitres 13-16

XIII

La quatrième planète était celle du businessman. Cet homme était très occupé. Il n'a pas vu l'arrivée du petit prince.

« Bonjour, a dit le petit prince. Votre cigarette est éteinte.

— Trois et deux font cinq. Cinq et sept font douze. Douze et trois font quinze. Bonjour. Quinze et sept font vingt-deux. Vingt-deux et six font vingt-huit. Je n'ai pas le temps de la rallumer. Vingt-six et cinq font trente et un. Ouf ! Ça fait donc cinq cent un millions six cent vingt-deux mille sept cent trente et un.

— Cinq cents millions de quoi ?

— Hein ? Tu es toujours là ? Cinq cent un million de… je ne sais plus… J'ai tellement de travail ! Je travaille beaucoup — je ne m'amuse pas à des balivernes ! Deux et cinq sept…

— Cinq cent un millions de quoi ? » a dit le petit prince. Il n'avait jamais renoncé à une question, une fois qu'il l'avait posée.

Le businessman a levé la tête :

■ cigarette *f.* たばこ　■ éteint, e（火、明かりが）消えた　■ baliverne *f.* くだらないおしゃべり

第13章

　4つ目の惑星には、実業家が住んでいた。この男はあまりにも忙しかったので、小さな王子さまが着いたのも目に入らなかった。

　「こんにちは」小さな王子さまは言った。「タバコの火が消えてますよ」

　「3足す2は5。5足す7は12。12足す3は15。こんにちは。15足す7は22。22足す6は28。火をつけ直す時間がないんだ。26足す5は31。ふう！これで5億162万2731だ」

　「5億って何が？」小さな王子さまはたずねた。

　「なんだって？　まだいたのか？　5億100万の……思い出せん……しなけりゃならないことが一杯あるんだ！　おれは重要人物なんだぞ——ばかなお遊びに付き合っている暇はないんだ！　2足す5は7……」

　「5億100万の、何があるの？」小さな王子さまはたずねた。一度たずね出したら、絶対にやめないのだ。

　実業家は顔を上げた。そして言った。

« Depuis cinquante-quatre ans que j'habite cette planète-ci, je n'ai été dérangé que trois fois. La première fois ç'a été, il y a vingt-deux ans, par un hanneton qui était tombé Dieu sait d'où. Il répandait un bruit épouvantable, et j'ai fait quatre erreurs dans une addition. La seconde fois ç'à été, il y a onze ans, quand j'étais malade. Je manque d'exercice. Je n'ai pas le temps de flâner. Je suis un homme important. La troisième fois… la voici ! Je disais donc cinq cent un millions…

— Millions de quoi ? »

Le businessman a compris que le petit prince n'arrêterait pas.

« Millions de ces petites choses que l'on voit quelquefois dans le ciel.

— Des mouches ?

— Mais non, des petites choses qui brillent.

— Des abeilles ?

— Mais non. Des petites choses dorées qui font rêvasser les fainéants. Mais je suis un homme important ! Je n'ai pas le temps de rêvasser.

— Ah ! Des étoiles ?

— C'est bien ça. Des étoiles.

— Et que fais-tu de cinq cents millions d'étoiles ?

— Cinq cent un millions six cent vingt-deux mille sept cent trente et un. Je suis un homme important. Je suis précis.

— Et que fais-tu de ces étoiles ?

— Ce que j'en fais ? »

■ être dérangé, e 邪魔をされる ■ hanneton *m.* コガネムシ ■ mouche *f.* ハエ
■ abeille *f.* ミツバチ

「この惑星に54年住んでるが、無理やりストップさせられたのは三度だけだ。一度は22年前で、どこからか知らないが虫が落ちてきたときだ。とんでもないひどい音がして、計算を4つ間違えたよ。二度目は11年前で、おれが病気になったんだ。運動が足りないんでな。無駄にする時間はないんだ。おれは重要人物なんだぞ。三度目は……今だ！さっきの続きは、5億100万……」

「何100万もの、何があるの？」

実業家は、小さな王子さまが質問をやめそうにないのに気が付いた。

「時々空に見える何百万のモノさ」

「ハエのこと？」

「違う、違う。光る小さなものだ」

「ミツバチかなあ？」

「違う。小さくて金色で、怠け者が夢を見るあれさ。だがおれは重要人物なんだぞ。だらだらと夢を見ている暇はないんだ！」

「ああ、星のこと？」小さな王子さまは言った。

「そう、それだ。星だ」

「5億もの星をどうするの？」

「5億162万2731の星だ。おれは重要人物なんだぞ。慎重に星の足し算をするんだ」

「それで、その星をどうするの？」

「どうするかって？」

— Oui.

— Rien. Je les possède.

— Tu possèdes des étoiles ?

— Oui.

— Mais j'ai déjà vu un roi qui…

— Les rois ne possèdent pas. Ils "règnent" sur. C'est très différent, a dit le businessman.

   — Et à quoi cela te sert-il de posséder les étoiles ?

   — Ça me sert à être riche.

   — Et à quoi cela te sert-il d'être riche ?

   — À acheter d'autres étoiles, si quelqu'un en trouve. »

« Cet homme, s'est dit en lui-même le petit prince, il raisonne un peu comme l'ivrogne. »

Cependant il a posé encore des questions :

« Comment peut-on posséder les étoiles ?

— À qui sont-elles ? a demandé le businessman.

— Je ne sais pas. À personne.

— Alors elles sont à moi, car j'y ai pensé le premier.

— Ça suffit ?

— Bien sûr. Quand tu trouves un diamant qui n'est à personne, il est à toi. Quand tu trouves une île qui n'est à personne, elle est à toi. Quand tu as une idée le premier, tu la fais breveter : elle est à toi. Et moi, je possède les étoiles, puisque jamais personne avant moi n'a songé à les posséder.

■ posséder 所有する ■ penser à A le premier 最初にAを考えつく

「そう」

「どうもしやせんよ。おれの所有物なんだ」

「星を持ってるの？」

「そうだ」

「でもぼくの会った王さまがもう……」

「王さまは何も所有してないさ。治めるだけだ。大変な違いだぞ」実業家は言った。

「星を所有することがどうしてそんなに大事なの？」

「金持ちになれるからさ」

「金持ちになるのがどうしてそんなに大事なの？」

「金持ちなら、他の星が見つかったとき、もっと買えるからな」

「この男はのんべえと同じ考え方をしているな」小さな王子さまは思った。それでも、もういくつか質問をしてみた。

「星を所有するなんて、どうやってできるの？」

「ほかにだれが所有してるっていうんだ？」実業家は怒って答えた。

「わからないよ。だれでもないよ」

「だったら、おれのものだ。最初に星の所有を考えたのはおれなんだから、おれのものだ」

「それだけでいいの？」

「もちろんいいんだとも。だれのものでもないダイヤモンドを見つけたら、そいつは見つけたやつのものだ。だれのものでもない島を見つけたら、それは見つけたやつのものになるんだ。何かアイデアを最初に思いついたら、そのアイデアは自分のものになる。星を持つってことをだれも考えつかなかったから、星はおれのものなのさ」

— Ça c'est vrai, a dit le petit prince. Et qu'en fais-tu ?

— Je les gère. Je les compte et je les recompte, a dit le businessman. C'est difficile. Mais je suis un homme important ! »

Le petit prince n'était pas encore satisfait.

« Moi, si je possède un foulard, je puis le mettre autour de mon cou et l'emporter. Moi, si je possède une fleur, je puis cueillir ma fleur et l'emporter. Mais tu ne peux pas cueillir les étoiles !

— Non, mais je puis les placer en banque, a dit le businessman.

— Qu'est-ce que ça veut dire ?

— Ça veut dire que j'écris sur un petit papier le nombre de mes étoiles. Et puis j'enferme à clef ce papier-là.

— Et c'est tout ?

— Ça suffit ! »

« C'est amusant, s'est dit le petit prince. C'est une idée intéressante. Mais ce n'est pas très sérieux. »

Le petit prince avait, sur les choses sérieuses, des idées très différentes des idées des grandes personnes.

« Moi, a-t-il dit encore, je possède une fleur que j'arrose tous les jours. Je possède trois volcans que je ramone toutes les semaines. C'est utile à mes volcans, et c'est utile à ma fleur, que je les possède. Mais tu n'es pas utile aux étoiles… »

Le businessman a ouvert la bouche mais n'a rien trouvé à répondre. Le petit prince s'en est allé.

« Les grandes personnes sont décidément tout à fait extraordinaires» , s'est-il dit en lui-même.

■ recompter 数え直す ■ enfermer à clef 〜をしまって鍵をかける ■ arroser 水をや
る

「それは理屈が通ってるなあ」小さな王子さまは言った。「それで、星をどうするの？」

「数えて、また数えるのさ」実業家は言った。「大変な仕事さ。でもおれは重要人物だからな！」

でも小さな王子さまは、まだ質問がすんでいなかった。

「襟巻きがぼくのものなら、首に巻きつけて持っていけるよ。花なら、つんで持っていける。でも星は持っていけないじゃないか！」

「無理さ、だが銀行に入れることができる」実業家は言った。

「それはどういうこと？」

「つまり、おれが持つ星の数を紙に書くんだ。それを安全なところにしまって、鍵をかけておくのさ」

「それだけ？」

「それで十分だ！」

「おかしいなあ」小さな王子さまは思った。「面白い考えだけど、意味が通らないよ」大切なことについては、小さな王子さまはもっと別の考え方をしていたのだ。小さな王子さまは実業家に言った。

「ぼくは花を持ってるけど、花には毎日水をやるよ。火山は三つあるけど、週に一度はきれいにする。ぼくは、花や火山にとって役に立ってるんだ。でもきみは星の役に立っていないじゃないか」

実業家は口を開いたが、何も思いつかなかった。それで、小さな王子さまは去った。

「おとなは本当にとても変わっているんだな」旅を続けながら、小さな王子さまは思った。

XIV

La cinquième planète était curieuse. C'était la plus petite de toutes. Il y avait là juste assez de place pour loger un réverbère et un allumeur de réverbères. Le petit prince ne comprenait pas pourquoi il y avait, quelque part dans le ciel, sur une planète sans maison ni population, un réverbère et un allumeur de réverbères. Cependant il s'est dit en lui-même :

« Peut-être bien que cet homme est absurde. Cependant il est moins absurde que le roi, que le vaniteux, que le businessman et que le buveur. Au moins son travail a-t-il un sens. Quand il allume son réverbère, c'est comme s'il faisait naître une étoile de plus, ou une fleur. Quand il éteint son réverbère, ça endort la fleur ou l'étoile. C'est une jolie occupation. C'est véritablement utile puisque c'est joli. »

Lorsqu'il est arrivé, le petit prince a salué respectueusement l'allumeur :

« Bonjour. Pourquoi viens-tu d'éteindre ton réverbère ?

— C'est la consigne, a dit l'allumeur. Bonjour.

— Qu'est-ce que la consigne ?

— C'est d'éteindre mon réverbère. Bonsoir. » Et il a rallumé le réverbère.

■ réverbère 街灯　■ allumeur de réverbères 街灯の点灯夫　■ éteindre 消す

第14章

　5つ目の惑星は、とても変わっていた。今までの中で一番小さい惑星だった。街灯と点灯夫がおさまるだけのスペースしかなかったのだ。小さな王子さまは、家も他の人もいない惑星に、なぜ街灯があり、点灯夫がいるのかわからなかった。でも心の中で思った。

　「点灯夫がいるのはばかげたことかもしれない。でもこの点灯夫は、王さまや、うぬぼれ屋や、実業家やのんべえよりはまだましだ。少なくとも、この人の仕事には意味があるもの。彼が火を灯したら、星か花をもう一つ、つくり出すことになるんだろう。火を消すときには、星か花を眠りにつかせるようなものなんだ。なんだかきれいな仕事だなあ。そして、きれいだから、役にも立っているんだ」
　惑星に着いてから、小さな王子さまは点灯夫に挨拶した。

　「こんにちは。どうして街灯を消したの？」
　「命令を受けているからさ」点灯夫は答えた。「おはよう」
　「命令って、どんな？」
　「街灯を消すことさ。こんばんは」そして点灯夫は、また街灯に火を点けた。

« Mais pourquoi viens-tu de le rallumer ? a demandé le petit prince.

— C'est la consigne, a dit l'allumeur.

— Je ne comprends pas, a dit le petit prince.

— Il n'y a rien à comprendre, a dit l'allumeur. La consigne c'est la consigne. Bonjour. » Et il a éteint son réverbère.

Puis il s'est épongé le front avec un mouchoir. Il a dit :

« Je fais là un métier terrible. C'était raisonnable autrefois. J'éteignais le matin et j'allumais le soir. J'avais le reste du jour pour me reposer, et le reste de la nuit pour dormir…

— Et, depuis cette époque, la consigne à changé ?

— La consigne n'a pas changé, a dit l'allumeur. Voilà le problème ! La planète, d'année en année, a tourné de plus en plus vite, et la consigne n'a pas changé !

— Alors ? a dit le petit prince.

— Alors maintenant que la planète fait un tour par minute, je n'ai plus une seconde de repos. J'allume et j'éteins une fois par minute !

— Ça c'est drôle ! Les jours chez toi durent une minute !

■ s'éponger le front 額を拭く　■ autrefois 以前は　■ le reste de~ ～残りの　■ une fois par minute 1分に1回

「でも、どうしてまた点けたの？」小さな王子さまはたずねた。

「命令を受けているからさ」点灯夫は答えた。

「わからないよ」小さな王子さまは言った。

「わからなきゃならないことなんて、何もないさ」点灯夫は答えた。「命令は命令だよ。おはよう」そして街灯を消した。

それからハンカチで顔をぬぐった。

「この仕事はひどいよ。昔はちゃんとしてたんだ。朝、街灯を消して、夜点ける。それ以外の昼の時間は休んで、それ以外の夜の時間は眠れたんだが……」

「それから命令が変わったの？」

「命令は変わっていないよ」点灯夫は言った。「それが問題なんだ！　この惑星は、毎年どんどん早く回転しているのに、命令は変わらないんだ！」

「どうなったの？」
小さな王子さまがたずねた。

「今じゃ1分に1度回転するから、休むひまがないんだ。毎分、街灯を点けたり消したりしているんだよ！」

「なんておかしいんだろう！　きみの惑星の1日はたった1分なんだね！」

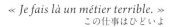

« Je fais là un métier terrible. »
この仕事はひどいよ

— Ce n'est pas drôle du tout, a dit l'allumeur. Ça fait déjà un mois que nous parlons ensemble.

— Un mois ?

— Oui. Trente minutes. Trente jours ! Bonsoir. »

Et il a rallumé son réverbère.

Le petit prince aimait cet allumeur qui était tellement fidèle à la consigne. Il s'est souvenu des couchers de soleil que lui-même allait autrefois chercher, en tirant sa chaise. Il voulait aider l'allumeur.

Il a dit :

« Tu sais… je connais un moyen de te reposer quand tu voudras…

— Je veux toujours », a dit l'allumeur.

Car on peut être, à la fois, fidèle et paresseux.

Le petit prince lui a dit :

« Ta planète est tellement petite que tu en fais le tour en trois enjambées. Tu n'as qu'à marcher assez lentement pour rester toujours au soleil. Quand tu voudras te reposer tu marcheras… et le jour durera aussi longtemps que tu voudras.

— Ça ne m'aide pas beaucoup, a dit l'allumeur. Ce que je veux faire, c'est dormir.

— Ce n'est pas de chance, a répondu le petit prince.

— Ce n'est pas de chance, a dit l'allumeur. Bonjour. »

Et il a éteint son réverbère.

« Cet allumeur, s'est dit le petit prince, tandis qu'il poursuivait plus loin son voyage, il serait méprisé par tous les autres — par le roi, par

■ être méprisé, e par A Aに馬鹿にされる

「ちっともおかしかないね」点灯夫は言った。「おれたち、もう丸ひと月もしゃべってるんだぜ」

「ひと月も？」

「そうさ、30分！ 30日！ こんばんは」そして街灯をまた点けた。

　小さな王子さまは、命令にこんなに忠実な街灯夫をすごいと思った。自分の惑星の入り日を思い出し、椅子を動かして何度も見ようとしたのを思い出した。小さな王子さまは、点灯夫を助けたくなって言った。

「休みが必要なときに取れる方法を知ってるよ……」

「休みなら、いつも必要だね」点灯夫は言った。

　命令に従いながら、同時にゆっくりすることも可能なのだ。

　小さな王子さまは続けた。

「きみの惑星は小さいから、3歩で一周できる。ゆっくり歩いても、いつも昼間だよ。だから、休みたいときには歩けば……、好きなだけ昼間が続くよ」

「それはあんまり役に立たないよ」点灯夫は言った。「本当にしたいのは、寝ることなんだから」

「それはついてないね」小さな王子さまは言った。

「ついてないな」点灯夫は同意した。「おはよう」
そして街灯を消した。

　旅を続けながら、小さな王子さまは思った。「あの点灯夫は、ぼくの出会った全員に見下されるだろう——王さまにも、うぬぼれ屋にも、のんべえに

le vaniteux, par le buveur, par le businessman. Cependant c'est le seul qui ne me paraisse pas ridicule. C'est, peut-être, parce qu'il s'occupe d'autre chose que de soi-même. »

Il a eu un soupir de regret et s'est dit encore :

« Cet allumeur est le seul dont j'aurais pu faire mon ami. Mais sa planète est vraiment trop petite. Il n'y a pas de place pour deux… »

De plus, le petit prince regrettait cette petite planète à cause des mille quatre cent quarante couchers de soleil par vingt-quatre heures !

 # XV

La sixième planète était une planète dix fois plus vaste. Elle était habitée par un vieux Monsieur qui écrivait d'énormes livres.

« Tiens ! Voilà un explorateur ! » a dit le vieux Monsieur, quand il a vu le petit prince.

Le petit prince s'est assis sur la table. Il a soufflé un peu. Il avait déjà tant voyagé !

« D'où viens-tu ? lui a dit le vieux Monsieur.

— Quel est ce gros livre ? a dit le petit prince. Que faites-vous ici ?

■ avoir un soupir ため息をつく ■ explorateur *m.* 探検隊

も、実業家にも……。でもぼくには、ばかげて見えないのはあの人だけだ。たぶん、自分以外のことを考えてるのはあの人だけだからだろう」
　小さな王子さまはため息をついて、独り言を言った。

「友達になれそうなのはあの人だけだったのに。でも、あの星は小さすぎる。二人には狭すぎるんだ……」
　小さな王子さまがその小惑星にもっといたかった理由はもう一つ、入り日が24時間に1440回もあるからだった！

第15章

　6つ目の惑星は、5つ目の惑星より10倍も大きくて、非常に大きな本を書くおじいさんが住んでいた。
「ほう！ 探検家じゃな」小さな王子さまを見て、おじいさんは叫んだ。

　小さな王子さまはおじいさんの机の上にすわった。疲れていたのだ。とても遠くまで旅してきたのだから！
「どこから来たのじゃな？」おじいさんはたずねた。
「この大きい本はなんですか？ ここで何をしているんですか？」小さな王子さまがたずねた。

— Je suis géographe, a dit le vieux Monsieur.

— Qu'est-ce qu'un géographe ?

— C'est quelqu'un qui connaît où se trouvent les mers, les fleuves, les villes, les montagnes et les déserts.

— C'est bien intéressant, a dit le petit prince. C'est enfin un véritable métier ! » Et il a regardé la planète du géographe. Il n'avait jamais vu encore une planète aussi grande et belle.

« Elle est bien belle, votre planète. Est-ce qu'il y a des océans ?

— Je ne sais pas, a dit le géographe.

— Ah ! (Le petit prince était déçu.) Et des montagnes ?

— Je ne sais pas, a dit le géographe.

— Et des villes et des fleuves et des déserts ?

— Je ne sais pas, a dit le géographe.

— Mais vous êtes géographe !

— C'est exact, a répondu le géographe. Mais je ne suis pas explorateur. Je manque absolument d'explorateurs. Ce n'est pas le géographe qui va faire le compte des villes, des fleuves, des montagnes, des mers, des océans et des déserts. Le géographe est trop important pour flâner. Il ne quitte pas son bureau. Mais le géographe y reçoit les explorateurs.

■ géographe 地理学者 ■ exact, e 正しい

「わしは地理学者じゃ」おじいさんは言った。

「地理学者ってなんですか？」

「海、川、町、山、砂漠のある場所をぜんぶ知っている人のことじゃよ」

「それはとても面白いですね」小さな王子さまは言った。「これこそ、本物の仕事だ！」そして、地理学者の惑星を見回した。こんなに大きくて、美しい惑星は見たことがなかった。

「とても美しい惑星ですね。海はたくさんあるんですか？」

「知らんよ」地理学者は答えた。

「えっ」（小さな王子さまはがっかりした）「山はあるんですか？」

「知らんね」地理学者は答えた。

「町や川や砂漠は？」

「それも、知らん」地理学者は答えた。

「でもあなたは地理学者でしょう！」

「その通り」地理学者は言った。「だが、わしは探検家ではない。この星には探検家はおらんのじゃ。町や川や山や海や砂漠を探すのは地理学者の仕事じゃない。そんなことをするには偉すぎるのでな。地理学者は絶対に机を離れん。だが探検家と話して、彼らの見てきたことを書き留める。そいつの話が面白ければ、その探検家がちゃんとした人間かどうかを調べるのじゃ」

Il interroge les explorateurs, et il prend en note leurs souvenirs. Et si les souvenirs d'un explorateur paraissent intéressants, le géographe fait faire une enquête sur la moralité de l'explorateur.

— Pourquoi ça ?

— Parce qu'un explorateur qui mentirait entraînerait des catastrophes dans les livres de géographie. Et aussi un explorateur qui boirait trop.

— Pourquoi ça ? a demandé le petit prince.

— Parce que les ivrognes voient double. Alors le géographe noterait deux montagnes, là où il n'y en a qu'une seule.

— Je connais quelqu'un, a dit le petit prince, qui serait mauvais explorateur.

— C'est possible. Donc, quand la moralité de l'explorateur paraît bonne, je fais une enquête sur sa découverte.

— Vous allez voir la découverte ?

— Non. C'est trop compliqué. Mais j'exige de l'explorateur qu'il fournisse des preuves. S'il s'agit par exemple de la découverte d'une grosse montagne, j'exige que l'explorateur en rapporte de grosses pierres. »

Le géographe soudain s'est ému. Il a dit :

« Mais toi, tu viens de loin ! Tu es explorateur ! Tu vas me décrire ta planète ! »

Et le géographe, ayant ouvert son registre, a taillé son crayon. On note d'abord au crayon les récits des explorateurs. On attend, pour noter à l'encre, que l'explorateur ait fourni des preuves.

■ voire double 物が二重に見える ■ tailler le crayon 鉛筆を削る

「なぜですか？」

「探検家がうそつきだと、地理学の本にとんでもない問題が起こるからじゃ。飲みすぎる探検家も同じじゃ」

「どうしてですか？」小さな王子さまはたずねた。

「のんべえには物事が二重に見えるからじゃ。そうすると、山が一つしかないところに、二つ書き込んでしまうことになる」

「わるい探険家になりそうな人を知ってますよ」小さな王子さまは言った。

「ありうる話だ。探検家がちゃんとした奴だとわかったら、そいつの発見したことを研究するのじゃ」

「その発見を見に行くんですか？」

「いいや。それは難しい。だが探検家は、自分の発見が本物だということをわしに証明しなければならん。大きな山を見つけたのなら、大きな岩石を持って来させるのじゃ」

地理学者は急に、興奮して叫んだ。

「きみは遠くから来たんじゃないか！　きみは探検家だ！　きみの惑星について話してくれ！」

地理学者は本を開き、鉛筆を取り出した。最初は、かならず鉛筆を使うのだ。探険家が自分の発見を証明するまで待って、それからペンで書くのだ。

« Alors ? a demandé le géographe.

— Oh ! Chez moi, a dit le petit prince, ce n'est pas très intéressant. C'est tout petit. J'ai trois volcans. Deux volcans en activité, et un volcan éteint. Mais on ne sait jamais.

— On ne sait jamais, a dit le géographe.

— J'ai aussi une fleur.

— Nous ne notons pas les fleurs, lui a dit le géographe.

— Pourquoi ça ! C'est le plus joli !

— Parce que les fleurs sont éphémères.

— Qu'est-ce que signifie : "éphémère" ?

— Les géographies, a dit le géographe, sont les livres les plus sérieux de tous les livres. Elles ne se démodent jamais. Il est très rare qu'une montagne change de place. Il est très rare qu'un océan se vide de son eau. Nous écrivons des choses qui ne changent jamais.

— Mais les volcans éteints peuvent se réveiller, a dit le petit prince.

— Qu'est-ce que signifie "éphémère" ?

— Que les volcans soient éteints ou soient éveillés, ça revient au même pour nous autres, lui a expliqué le géographe. Ce qui compte pour nous, c'est la montagne. Elle ne change pas.

— Mais qu'est-ce que signifie "éphémère" ? a dit le petit prince, qui n'avait renoncé à une question, une fois qu'il l'avait posée.

— Ça signifie "qui est menacé de disparition prochaine."

— Ma fleur est menacée de disparition prochaine ?

— Bien sûr. »

■ éphémère はかない ■ se démoder 古くさくなる、流行遅れになる

「さて？」地理学者は言った。

「ああ、ぼくの住んでいる星はあまり面白くありませんよ」小さな王子さまは言った。「とても小さいんです。火山が三つあります。二つは活火山で、もう一つは眠っています。でもわかりませんけどね」

「わからんぞ」地理学者は言った。

「花もあります」

「わしは花については書かん」地理学者は言った。

「どうしてですか？ あんなにきれいなのに！」

「花は、はかないからじゃ」

「『はかない』って、どういうことですか？」

「地理学の本は、全ての本の中で一番重要な本じゃ」地理学者は言った。「古くなるということがない。山が動いたりするのは非常にまれじゃからな。海が乾くのも非常にまれじゃ。地理学者は絶対に変わらないもののことしか書かないのじゃよ」

「でも休火山が目を覚ますこともありますよ」小さな王子さまは言った。「『はかない』ってどうことですか？」

「火山が休んでいようが活動していようが、地理学者には関係ない。我々にとって大事なのは山なのじゃ。山は不変じゃ」

「でも、『はかない』って何ですか？」小さな王子さまはせがんだ。一度たずね始めた質問は、絶対にやめないのだ。

「『長続きしないもの』のことじゃ」

「ぼくの花は長続きしないの？」

「そのとおり」

« Ma fleur est éphémère, s'est dit le petit prince. Elle n'a que quatre épines pour se défendre contre le monde ! Et je l'ai laissée toute seule ! »

C'était là son premier mouvement de regret. Mais il a repris courage :

« Que me conseillez-vous d'aller visiter ? il a demandé au géographe.

— La planète Terre, lui a répondu le géographe. Elle a une bonne réputation… »

Et le petit prince s'en est allé, songeant à sa fleur.

 # XVI

La septième planète était donc la Terre.

La Terre est une planète assez intéressante ! On y compte cent onze rois, sept mille géographes, neuf cent mille businessmen, sept millions et demi d'ivrognes, trois cent onze millions de vaniteux. C'est-à-dire environ deux milliards de grandes personnes.

■je l'ai laissé toute seule ! ぼくは彼女（＝バラ）をひとりぼっちにした

「ぼくの花は、はかないのか」小さな王子さまは心の中で思った。「ぼくの花は世界中の危険から自分を守るのに、4つのトゲしか持っていないんだ！それなのにぼくは、花をひとりぼっちにした」

突然、小さな王子さまは星を出なければよかったと後悔した。でも勇気をふるい起こした。

「どの惑星を訪ねたらいいですか？」小さな王子さまは地理学者にたずねた。

「地球じゃ」地理学者は答えた。「見事な惑星だということになっておる」

小さな王子さまは出発した。花のことを思いながら。

第16章

そんなわけで、小さな王子さまが訪ねた7つ目の惑星は地球だった。

地球はなかなか面白いところだった！　王さまが111人、地理学者が7000人、実業家が90万人、のんべえが750万人、うぬぼれ屋が3億1100万人いたのだ。ぜんたいで、おとなが20億人くらいいた。

Pour vous donner une idée des dimensions de la Terre, je vous dirai qu'avant l'invention de l'électricité, il y avait quatre cent soixante-deux mille cinq cent onze allumeurs de réverbères.

Vu du ciel, ça faisait un effet très beau. Les mouvements de ces allumeurs étaient réglés comme ceux des danseurs. D'abord venaient les allumeurs de Nouvelle-Zélande et d'Australie. Puis ils s'en allaient dormir. Alors entraient à leur tour dans la danse les allumeurs de Chine et de Sibérie. Puis venait le tour des allumeurs de Russie et des Indes. Puis de ceux d'Afrique et d'Europe. Enfin ceux d'Amérique du Sud. Puis de ceux d'Amérique du Nord. Et les allumeurs ne se trompaient jamais. Leur danse était la perfection. C'était très joli à voir.

Les seuls allumeurs qui menaient des vies simples étaient l'allumeur de l'unique réverbère du pôle Nord et l'allumeur de l'unique réverbère du pôle Sud : ils travaillaient deux fois par an.

■ invention *f.* 発明　■ pôle Nord *m.* 北極　■ pôle Sud *m.* 南極

　地球の大きさをわかってもらうために、電気が発明される前には、46万2511人の点灯夫がいたということをお話ししておこう。

　空のかなたから眺めると、その灯りのおかげで、地球は美しい絵のようだった。点灯夫たちは、大舞台の踊り子たちのように連携して働いた。まず、ニュージーランドとオーストラリアの点灯夫が寝る前に街灯を灯す。次は中国とシベリア、それからロシアとインドの点灯夫。その後アフリカとヨーロッパ、南アメリカと続いて、最後に北アメリカの番だ。点灯夫が順番を間違えて火を灯すことは決してない。彼らの踊りは完ぺきで、見ていてとても美しいものだった。

　一番楽な仕事をしているのは、北極と南極の点灯夫だ。年に2回しか働かない。

役立つフランス語表現

【posséder】 所有する

Je possède les étoiles. （p.102, 下から2行目）
俺は星を所有しているのさ。

「持つ」といっても、ニュアンスの違いによっていくつかの単語に使いわけられます。

- **porter** 持つ、運ぶ

  Pierre porte la valise de Marie. ピエールはマリーの鞄を持つ。

- **durer, se maintenir** 持つ、長持ちする

  Cette fleur dure bien. （=Cette fleur se maintient bien.）
  この花は長持ちする。

- **détenir, posséder** 持つ、所有する

  Il détient une fortune. （=Il possède une fortune.）
  彼はひと財産を持っている。

【absurde】 ～ばかげた

Peut-être bien que cet homme est absurde. （p.106, 7行目）
きっとこの男はばかげているのだろう。

absurdeという単語は、「馬鹿げた」の他に、「不条理」とも訳されます。
アルベール・カミュが『異邦人（l'etranger）』の中で使っている単語はまさしくこの
absurdeです。理屈や理性とは相反するものが「不条理（absurdité（f））」であり、
フランス哲学・文学にセンセーションを巻き起こしたキーワードになっています。
absurdeとあわせて次の単語もいっしょに覚えておきましょう。

- **ridicule** 滑稽な

  Pierre est en tenu ridicule pour plaire à Marie.
  ピエールはマリーの気をひくためにへんてこな格好をしている。

124

- bizarre　奇妙な、おかしな

Ma voitre fait un bruit bizzare.
ぼくの車はおかしな音を立てている。

- idiot, e　馬鹿げた

Qui croit cette histoire idiote?
誰がこんな馬鹿げた話を信じるっていうの？

【souffler】　息を吐く、あえぐ

Il a soufflé un peu.（p.112，下から4行目）
彼は少し苦しそうに息を吐いた。

身体の状態をあらわす表現を少し拾ってみましょう。

- fatigué, e　疲れた

Il est fatigué à tel point qu'il ne sens plus ses pieds.
彼は疲れてしまって、足の感覚がもうない。

- se porter bien（mal）　体調が良い（悪い）

Je me porte bien parce que mon équipe préférée a gagné hier soir.
昨夜、ぼくのお気に入りのチームが勝ったので、身体の調子がいい。

- avoir faim（soif, sommeil, chaud, froid）　おなかがすいた（喉がかわいた、眠い、暑い、寒い）

J'ai faim comme un loup.
（オオカミのように）はらぺこだ。
On a trop chaud; sortons au bord de la mer.
暑すぎる、海辺にでかけよう。

役立つフランス語表現

【géographe】 地理学者

> Je suis géographe.（p.114, 1行目）
> 私は地理学者だ。

学問と学者の言い方を見ておきましょう。

- géographie（f）地理 — géographe（mf）地理学者
- histoire（f）歴史学 — hisitorien, ne 歴史学者
- archéologie（f）考古学 — archéologue,（mf）考古学者
- anthropologie（f）人類学 — anthropologiste（mf）人類学者
- ethnologie（f）民俗学 — ethnologue（mf）民俗学者
- mathématique（fpl.）数学 — mathématicien, ne 数学者
- science（f）科学 — scientifique（mf）科学者
- chimie（f）化学 — chimiste（mf）化学者
- physique（f）物理学 — physicien, ne 物理学者
- philosophie（f）哲学 — philosophe（mf）哲学者
- linguistique（f）言語学 — linguiste（mf）言語学者
- pédagogie（f）教育学 — pédagogue（mf）, éducateur, trice, enseignant（e）教育学者

【compter】 重要である

> Ce qui compte pour nous, c'est la montagne.（p.118, 下から7–6行目）
> 大事なのは山なのじゃ。

compter は 3 つの意味があります。

- 数える、計算する

  Je compte les étoiles et je les recompte.（p.104, 2行目）
  星の数を数えて、それからまた数えるのさ。

- 倹約する

  Il aime compter sans dépenser.
  彼は浪費せず、けちけちお金をためるのが好きなんです。

■ 物の数に入る、重要である

Sans toi, tout cela ne me compte pas.
君がいないのなら、私にはすべてどうでもいいんだ。

【être menacé de A】 Aの危険に脅かされた

Ma fleur est menacée de disparition prochaine ?（p.118，下から2行目）
ぼくの花は長くはもたないの？

être menacé de 〜の危機にさらされている、という表現です。似たものを挙げてみましょう。

■ risquer 危険にさらす

Ma fleur pourra risquer de dispataître.
ぼくの花の命は長くないかも（消えてしまうかも）しれない。

■ mettre A en danger　Aを危険にさらす

Ma fleur est mise en danger de disparaître.
（risquerを使った文と同じ意味になります。）

【environ】 だいたい、およそ

C'est-à-dire environ deux milliards de grandes personnes.
（p.120，下から2−1行目）
つまり、およそ20億人の人がいるということだ。

おおよそどれくらいという量をあらわす言い方です。
■ aux alentours de　およそ〜（時間、場所、量など、いずれも使います）

Nous sommes venus aux alentours du village.
私たちはこの辺りに来たことがある。

Elle est arrivée aux alentours de midi.　彼女は正午頃に着いた。

Cela se pèse aux alentours de 100 kilogrammes.
これは100キロぐらいはある。

- à peu près　およそ、ほぼ

  C'est à peu près juste.　それはほぼ正確だ。

- presque　ほとんど

  Marie a presque terminé son devoir.　マリーはほとんど宿題を終えてしまった。

【pour + inf. ～】　～するために

Pour vous donner une idée des dimensions de la Terre, je vous dirai qu'avant l'invention de l'électricité, il y avait quatre cent soixante-deux mille cinq cent onze allumeurs de réverbères.（p.122．1–3行目）
地球の大きさをわかってもらうために、電気が発明される前には、46万2511人の点灯夫がいたということをお話しておこう。

「～するために」という表現を言い換えてみましょう。

- pour que　＋接続法

  Pour que je vous donne une idée des dimentions de la Terre,…

- afin de +inf.

  Afin de vous donner une idée des dimentions de la Terre,…

- afin que　＋接続法

  Afin que je vous donne une idée des dimensions de la Terre,…

  Je me demande si les étoiles sont éclairées afin que chacun puisse un jour retrouver la sienne.
  星は、だれもがいつか自分の星を見つけられるように光っているのかなあ。
  （p.132．7–8行目）

La Cinquième Partie

---— ✳ ---—

les chapitres 17-20

XVII

Quand on veut faire de l'esprit, il arrive que l'on mente un peu. Je n'ai pas été très honnête en vous parlant des allumeurs de réverbères. Je risque de donner une fausse idée de notre planète à ceux qui ne la connaissent pas. Les hommes occupent très peu de place sur la Terre. Si les deux milliards d'habitants qui peuplent la Terre se tenaient debout et un peu serrés, ils logeraient aisément sur une place publique de vingt milles de long sur vingt milles de large. On pourrait entasser l'humanité sur le moindre petit îlot du Pacifique.

Les grandes personnes, bien sûr, ne vous croiront pas. Elles s'imaginent tenir beaucoup de place. Les grandes personnes se voient importantes comme des baobabs. Mais ne vous inquiétez pas d'eux. C'est inutile. Vous avez confiance en moi.

Le petit prince, une fois sur Terre, était bien surpris de se trouver tout seul. Il ne voyait personne. Il avait peur de s'être trompé de planète. Puis, il a vu quelque chose couleur d'or. Il remuait dans le sable.

« Bonne nuit, a dit le petit prince.

— Bonne nuit, a répondu le serpent.

■ honnête 正直な ■ risquer de +*inf.* ～する危険がある ■ faux, sse 間違った
■ occuper（場所を）取る ■ le Pacifique *m.* 太平洋

第 17 章

　ぼくは面白おかしくしたいと思うと、つい、ちいさなウソをついてしまうことがある。点灯夫の話をしていたときも、本当のことだけを話したわけではない。そのため、ぼくたちの惑星のことをよく知らない人たちを混乱させてしまう危険性がある。実際、人が地球の上で占める面積はごくわずかだ。もし地上に住む20億人が全員、一つの場所にかたまって立ったら、縦に20マイル、横に20マイルのスペースに余裕で入ってしまうだろう。地球に住む人全員が、太平洋の小島一つに楽に収まってしまうのだ。

　もちろん、おとなはこの話を信じようとしない。たくさんの場所を占領していると思いたいのだ。自分たちが、バオバブのように大きくて重要だと思っているのだ。でも彼らに気をつかって時間を無駄にするのはやめよう。そうする理由がないのだ。みんなはぼくの言うことを信じてくれるのだから。

　小さな王子さまは地球に着いたとき、ひとりぼっちだったのでとてもびっくりした。人っ子ひとり、見かけないのだ。来る惑星を間違えたのではないかと心配になった。ちょうどその時、砂の中で金色のものが動くのが見えた。

「こんばんは」小さな王子さまは言った。
「こんばんは」ヘビが答えた。

— Sur quelle planète suis-je tombé ? a demandé le petit prince.

— Sur la Terre, en Afrique, a répondu le serpent.

— Ah ! ... Il n'y a donc personne sur la Terre ?

— Ici c'est le désert. Il n'y a personne dans les déserts. La Terre est grande », a dit le serpent.

Le petit prince s'est assis sur une pierre. Il a regardé le ciel.

Il a dit : « Je me demande si les étoiles sont éclairées afin que chacun puisse un jour retrouver la sienne. Regarde ma planète. Elle est juste au-dessus de nous... Mais comme elle est loin !

— Elle est belle, a dit le serpent. Que viens-tu faire ici ?

— J'ai des difficultés avec une fleur.

— Ah ! » a dit le serpent.

Et puis ils se sont tus.

« Où sont les hommes ? a dit enfin le petit prince. On est un peu seul dans le désert...

— On est seul aussi chez les hommes », a dit le serpent.

Le petit prince a longtemps regardé le serpent :

« Tu es une drôle de bête, lui a dit le petit prince. Tu es mince comme un doigt...

■je me demande si~ ～なのではないかと考える　■mince 薄い、細い

「この惑星はどういうところ？」小さな王子さまがたずねた。

「地球の、アフリカにいるんだよ」ヘビが言った。

「えっ。じゃあ地球にはだれも住んでないの？」

「ここは砂漠なんだ。砂漠にはだれも住まないのさ。地球はとても大きいからな」ヘビが答えた。

小さな王子さまは石に腰を下ろした。空を見上げて、

「星は、だれもがいつか自分の星を見つけられるように、光ってるのかなあ？」と言った。「ぼくの星を見て。ちょうど、ぼくらの真上だ……。でも何て遠いんだろう！」

「きれいだな」ヘビは言った。「なんでまた、ここに来たんだい？」

「花とうまくいかなくなっちゃったんだ」小さな王子さまは言った。

「ああ」ヘビが言った。

どちらもそれ以上、何も言わなかった。

「人はどこにいるの？」しばらくして小さな王子さまがたずねた。「砂漠にいると寂しいよ……」

「人の中にいても寂しいさ」ヘビは言った。

小さな王子さまは、ヘビを長い間見つめた。

「きみは変わった格好の生き物だなあ」小さな王子さまはヘビに言った。「指みたいに長くて細い……」

Le petit prince, une fois sur Terre, était bien surpris de se trouver tout seul.
地球に着いたとき、ひとりぼっちだったのでとてもびっくりした

— Mais je suis plus puissant que le doigt d'un roi », a dit le serpent.

Le petit prince a eu un sourire :

« Tu n'es pas puissant… tu n'as même pas de pattes… tu ne peux pas voyager…

— Je pourrais t'emporter très, très loin », a dit le serpent. Il s'est enroulé autour de la cheville du petit prince, comme un bracelet d'or :

« Celui que je touche, je le rends à la terre dont il est sorti, a dit le serpent. Mais tu es pur. Tu viens d'une étoile… »

Le petit prince ne disait rien.

« Tu me fais pitié. Tu es si faible, tout seul sur la Terre. Je peux t'aider un jour si tu regrettes trop ta planète. Je peux…

— Oh ! J'ai très bien compris, a dit le petit prince. Mais pourquoi parles-tu toujours par énigmes ?

— Je résous toutes les énigmes », a répondu le serpent.

Et ils se sont tus.

■ s'enrouler autour de ～に巻き付く ■ cheville f. 足首 ■ rendre A à la terre A を地中に返す ■ regretter ～を懐かしく思う ■ parler par énigmes 謎めいたことを言う ■ résoudre les énigmes 謎を解明する

「だがおれは王さまの指よりもずっと力があるんだぜ」ヘビが言った。

小さな王子さまは微笑んだ。

「どうやってそんな力が持てるの……、足さえないじゃないか……動くのだって大変だろう」

「きみをうんと遠くへ連れて行くことができるぜ」ヘビはそう言って、金色のブレスレットのように、小さな王子さまの足首に巻きついた。

「おれは、触れるものはだれでも、もとの土へと送り返すのさ」ヘビは言った。「だがあんたは純粋だ。星から来たんだ……」

小さな王子さまは何も言わなかった。

「あんたが可哀想だ。この地球で、こんなに弱くて、ひとりぼっちで。いつか自分の惑星が恋しくて仕方なくなったら、助けてやれるかもしれないぜ。おれにはできるんだ……」

「そうか！ わかったよ」小さな王子さまは言った。「でもきみはどうして謎めいたことばかり言うの？」

「おれはすべての謎を解くのさ」そうして二人とも、黙りこんだ。

≪ *Tu es une drôle de bête* ≫ , *le petit prince lui a dit.*
「きみは変わった格好の生き物だなあ」小さな王子さまはヘビに言った

XVIII

Le petit prince a traversé le désert. Il n'a rencontré qu'une fleur. Une fleur à trois pétales, une fleur de rien du tout…

« Bonjour, a dit le petit prince.

— Bonjour, a dit la fleur.

— Où sont les hommes ? » a demandé le petit prince.

La fleur, un jour, avait vu passer des voyageurs :

« Les hommes ? Il en existe, je crois, six ou sept. Je les ai aperçus il y a des années. Mais on ne sait jamais où les trouver. Le vent les promène. Ils manquent de racines. Cela doit être très difficile.

— Adieu, a dit le petit prince.

— Adieu », a dit la fleur.

第18章

　小さな王子さまは、砂漠を横切った。一本の花以外、だれにも会わなかった。

それも、花びらが3枚しかない、もうしわけ程度の花だった。

　「こんにちは」小さな王子さまは言った。

　「こんにちは」花が言った。

　「人を見たかい？」小さな王子さまがたずねた。

　花は、一度、旅人たちが通り過ぎるのを見かけたことがあった。

　「人？　何人か見かけたわ。確か6人か7人だった。何年も前よ。でも今どこにいるのかは知らないわ。旅人たちは風に吹かれて、あっちへ行ったり、こっちへ行ったりするのよ。彼らには根がないからなの。それって、大変に違いないわね」

　「さようなら」小さな王子さまは言った。

　「さようなら」花も言った。

■ de rien du tout 何ということのない　■ voir passer (des voyageurs) （旅人たちが）通り過ぎるのを見る　■ racine f. 根

XIX

Le petit prince a fait l'ascension d'une haute montagne. Les seules montagnes qu'il eût jamais connues étaient les trois volcans, qui lui arrivaient au genou. Et il se servait du volcan éteint comme d'une chaise.

« D'une montagne haute comme celle-ci », s'est-il dit, « j'apercevrai d'un coup toute la planète et tous les hommes… » Mais il ne voyait rien que des pierres et des montagnes.

« Bonjour, il a dit.

— Bonjour… Bonjour… Bonjour… a répondu l'écho.

— Qui êtes-vous ? a demandé le petit prince.

— Qui êtes-vous… qui êtes-vous… qui êtes-vous… a répondu l'écho.

■ arriver au genou 膝まで届く ■ écho *m.* こだま

第19章

　小さな王子さまは高い山に登った。今まで知っていた山は、王子さまの星にある三つの火山だけで、膝までの高ささしかなかった。休火山を椅子代わりに使ったものだった。

　「こんな高い山からなら、地球全体と、住んでいる人みんなが見えるに違いない」小さな王子さまはつぶやいた。でも見えたのは、いくつもの岩とほかの山々だけだった。

　「こんにちは」呼んでみた。

　「こんにちは……こんにちは……こんにちは……」山びこが答えた。

　「きみはだれだい？」小さな王子さまがたずねた。

　「きみはだれだい……きみはだれだい……きみはだれだい……」山びこが答える。

Cette planète est toute sèche.
この星は乾いていて草一本さえ生えていない。

— Soyez mes amis, je suis seul, a-t-il dit.

— Je suis seul… je suis seul… je suis seul… a répondu l'écho.

« Quelle drôle de planète ! s'est dit le petit prince. Cette planète est toute sèche, avec beaucoup de montagnes. Et les hommes ne sont pas très intéressants. Ils répètent ce qu'on leur dit… Chez moi j'avais une fleur : elle parlait toujours la première… »

XX

Enfin, le petit prince a trouvé une route. Et les routes vont toutes chez les hommes.

« Bonjour », a-t-il dit.

C'était un jardin fleuri de roses.

« Bonjour », ont dit les roses.

「友達になってよ。ぼくはひとりぼっちなんだ」小さな王子さまが言った。

「ひとりぼっちなんだ……ひとりぼっちなんだ……ひとりぼっちなんだ……」山びこが答えた。

「何てへんてこな惑星なんだ」小さな王子さまは思った。「乾いていて、山ばっかりだ。それにここの人たちはあまり面白くないな。こちらの言ったことを何でも繰り返すんだもの。ぼくのところには花がいた。いつも先に話しかけてくれる花が……」

第20章

長いことしてから、小さな王子さまは一本の道を見つけた。道というものは、すべての人たちのところにつながっている。

「こんにちは」小さな王子さまは言った。

バラ園に来ていたのだ。

「こんにちは」バラの花たちも言った。

■répéter 繰り返す ■jardin 庭園

Le petit prince a regardé les roses. Elles ressemblaient toutes à sa fleur.

« Qui êtes-vous ? leur a demandé le petit prince. Il était stupéfait.

— Nous sommes des roses, ont dit les roses.

— Ah ! » a dit le petit prince…

Et il se sentait très malheureux. Sa fleur lui avait raconté qu'elle était unique, la seule rose dans l'univers. Et voici qu'il y avait cinq mille roses, toutes semblables, dans un seul jardin !

« Ma fleur serait bien vexée, s'est-il dit, si elle voyait ça… elle tousserait énormément et ferait semblant de mourir pour échapper au ridicule. Et je serais bien obligé de faire semblant de la croire. Sinon, elle se laisserait vraiment mourir… »

Puis il s'est dit encore : « Je me croyais riche. Je pensais que j'avais une fleur unique, mais je ne possède qu'une rose ordinaire. Et mes trois volcans… ils sont très petits, et l'un est éteint. Ça ne fait pas de moi un bien grand prince… » Et il a longtemps pleuré.

■ unique 唯一の ■ univers 宇宙 ■ faire semblant de +*inf.* ～するふりをする ■ pour +*inf.* ～するために ■ sinon さもないと ■ ordinaire 平凡な、普通の ■ faire de A… A を…とする

小さな王子さまは、じっと見つめた。自分の花とそっくりだ。

「きみたち、だれ？」ショックを受けて、小さな王子さまは聞いた。
「私たち、バラよ」とバラたちは言った。
「ええっ！」小さな王子さまは言った。

悲しみで胸をしめつけられた。王子さまの花は、自分はかけがえのない、世界で一つしかない花だと言っていた。それがここでは、似たような花がたった一つの庭に5000本も咲いているのだ！

「ぼくの花がこれを見たら、とても機嫌をわるくするだろうな」小さな王子さまは心の中で思った。「笑われないように咳をして、死にかけているふりをするだろうな。そしてぼくは、花を信じているふりをしなければ。さもないと、本当に死んでしまいかねないからね……」

それから独り言を言った。「ぼくは恵まれてると思ってた。特別な花を持ってると思ってたけど、実際にはありきたりのバラでしかなかったんだ。三つの火山だって、とても小さくて、一つは眠ってる。これじゃあ、王子さまなんかじゃないよ……」そして泣いて、泣いて、泣きとおした。

Et il pleurait longtemps.
王子さまは、泣いて、泣いて、泣きとおした

【Il arrive que ~】 ~ことがある

> Quand on veut faire de l'esprit, il arrive que l'on mente un peu.
> （p.130，1行目）
> ぼくは面白おかしくしたいと思うと、つい小さな嘘をついてしまうことがある。

Ilは非人称で、「～ことがある」と訳します。que以下の動詞は接続法の形になります。

- **Il arrive A**　Aが起きる

  Il arrive souvent des accidents de voiture dans ce quartier.
  この界隈でよく自動車事故が起きる。

- **Quoi qu'il arrive**　何が起きようと

  Quoi qu'il arrive, elle promène son chien tous les matins.
  何が起きようと、彼女は毎朝犬を散歩させている。

- **Il arrive que**　~ことがある

  Il arrive que nous sortions ensemble.
  わたしたちは一緒に外出することがある。

【faire A + 名詞（形容詞、副詞）】　Aを～にする

> Tu me fais pitié.（p.134，下から6行目）
> あんたがかわいそうだ（あんたは私に哀れな気持ちにさせる）。

よく使われるfaireの用法を例文で覚えましょう。

- ～にする、任命する

  Le PDG（=Président Directeur Général）a fait M. Delmont chef de bureau.
  社長はデルモン氏を局長に任命した。

■ 〜とみなす

Tu fais tes fautes trop graves.
君は自分の失敗を重大に考えすぎているよ。

■ 値をつける

Combien faites-vous ce tableau? —— Je vous le fais 50 euros.
この絵をいくらで売ってくれますか？ —— 50ユーロにしておきます。

【voir A + inf.】 Aが〜するのを見る

La fleur, un jour, avait vu passer des voyageurs.（p.136, 6行目）
花は一度、旅人たちが通り過ぎるのを見たことがあった。

【「見る」「聞く」「感じる」などの知覚動詞】＋【A】＋【inf.〜】の形です。【A】と【inf.〜】の順番はどちらが先でも同じ内容を表します。

■ voir A + inf. Aが〜するのを見る

Elle voyait les enfants s'amuser dans le jardin.
彼女はこどもたちが庭で遊ぶのを見ていた。

Dans l'eau qui tremblait encore, je voyais trembler le soleil.（p.182, 2行目）
水面に重なってゆれている日の光をぼくは見ていた。

■ entendre A + inf. Aが〜するのを聞く

J'entends Pierre appeler Marie. (=J'entends appeler Marie par Pierre.)
ピエールがマリーを呼ぶ声が聞こえた。

■ sentir A + inf. Aが〜するのを感じる

On sent le printemps s'approcher.
春が近づいているのを感じる。

Je sentais battre son cœur.（p.190, 下から6-5行目）
彼の心臓の鼓動をぼくは感じていた。

役立つフランス語表現

【Il existe A】 Aがいる、存在する

> Les hommes? Il en existe. （p.136, 7行目）
> 人？　何人かは見たわ。

　Ilは非人称です。Il en existe. のenは、des hommes（不特定の何人かの人々）を指します。Il existe des hommes. というわけですが、Il y a des hommes. ということもできます。

- **Il existe plusieurs variations de fromages en France.**
  フランスには何種類ものチーズがあります。

  ＊「チーズを食べる」というときはmanger du fromageと、数えられない名詞として扱われますが、種類に分けられて並べられたときは、数えられる名詞になります。
  plateau de fromages 各種のチーズをお盆に載せたもの

【faire l'ascension de ～】 ～を登る

> Le petit prince a fait l'ascension d'une haute montagne. （p.138, 1行目）
> 星の王子さまは高い山に登った。

　ascension は、実際に「昇る」という意味と、そこから派生した「向上、進歩」という意味とがあります。

- 上昇

  L'ascension des taux d'intérêt　利率の上昇

- 向上、進歩

  Il a fait une ascension professionnelle après avoir travaillé sans cesse.
  彼は休まず働いて昇進した。
  Notre société est en pleine ascension.
  我々の会社は飛躍的に成長している。

146

❀5❀

【d' un coup】 一度に、一気に

J'apercevrai d'un coup toute la planète et tous les hommes.
（p.138, 5行目）
地球全体と、住んでいる人全員がいっぺんに見えるだろう。

coup を使った表現は、数も多く、頻度も高いです。いくつか主なものを挙げてみましょう。

- donner（recevoir）un coup de fil　電話をかける（受ける）

  Donnez-moi un coup de fil.　お電話ください。

- coup d'Etat　クーデター

- tout d'un coup　一度に、突然

  Tout d'un coup, il est tombé par terre à cause du manque de sommeil.
  睡眠不足が原因で、彼は突然その場で倒れてしまった。

- sur le coup　すぐに、その場で

  Le voleur s'est fait arrêté sur le coup.　泥棒はその場で逮捕された。

【faire semblant de + inf.】 〜のふりをする

Elle ferait semblant de mourir pour échapper au ridicule.
（p.142, 下から8−6行目）
彼女は笑われないようにと、死にかけた人のふりをするだろう。

似た表現でよく使われるものをさがしてみましょう。

- imiter,（＝faire A à l'imitation de 〜）　真似をする

  Je fais un poème à l'imitation de Baudelaire.
  J'imite le style de Baudelaire pour faire un poème.
  私はボードレールを真似て詩を書く。

- **à la façon de** ～風に

  J'essaie de faire un poème à la façon de Baudelaire.
  私はボードレール風に詩を書こうとしています。

- **comme** ～のように

  Je voudrais faire un poème comme Baudelaire.
  ボードレールみたいに詩を書いてみたいな。

【être obligé de + inf.】 ～しなければならない

Je serais bien obligé de faire semblant de la croire.（p.142, 下から6行目）
ぼくは彼女を信じているふりをしなければならないだろうな。

義務をあらわす表現です。簡単な言い換えと別の表現を見てみましょう。

- **Je suis obligé de partir.**
  = Je dois partir.
  = Il faut que je parte.　私は出発しなければならない。
  （parte は partir の接続法一人称単数）

また obligé を使って、感謝を表す表現があります。書き言葉の定型としてよく使われることがあります。

- **être obligé à A de + inf.**　A に対して～のことを感謝しています

  Nous vous serions très obligé de bien vouloir nous répondre par retour du courrier.
  私どもに折り返しお返事いただければ幸甚に存じます。

La Sixième Partie

les chapitres 21-24

XXI

C'est alors que le renard est venu :

« Bonjour, a dit le renard.

— Bonjour, a répondu le petit prince. Il s'est tourné, mais ne voyait rien.

— Je suis là, a dit la voix, sous le pommier…

— Qui es-tu ? a demandé le petit prince. Tu es bien joli…

— Je suis un renard, a dit le renard.

— Viens jouer avec moi, lui a dit le petit prince. Je suis tellement triste…

— Je ne peux pas jouer avec toi, a dit le renard. Je ne suis pas apprivoisé.

— Ah ! Pardon » , a répondu le petit prince. Mais après réflexion, il a demandé : « Qu'est-ce que signifie "apprivoiser" ? »

■ se tourner 振り返る　■ apprivoisé, e 飼いならされた

第21章

　ちょうどその時、キツネが現れた。

　「こんにちは」キツネは言った。

　「こんにちは」小さな王子さまは答えた。振り向いたのだが、だれも目に入らなかった。

　「ここだよ」りんごの木の下から声がした。

　「きみはだれだい？」小さな王子さまは言った。「きれいだね、きみ」

　「ぼくはキツネだよ」キツネは言った。

　「おいで。ぼくと遊ぼう」小さな王子さまは言った。「ぼく、とても悲しいんだ」

　「きみとは遊べないよ」キツネは答えた。「なついてないから」

　「ああ！　ごめんね」小さな王子さまは言った。少し考えてから、付け足した。「『なつく』って、どういうこと？」

« Tu n'es pas d'ici, a dit le renard. Que cherches-tu ?

— Je cherche les hommes… Qu'est-ce que signifie "apprivoiser" ?

— Les hommes ont des fusils. Ils chassent, a dit le renard. C'est bien gênant ! Ils ont aussi des poules. C'est leur seul intérêt. Tu cherches des poules ?

— Non, a dit le petit prince. Je cherche des amis. Qu'est-ce que signifie "apprivoiser" ?

— C'est une chose trop oubliée, a dit le renard. Ça signifie "Créer des liens…" Tu n'es encore pour moi qu'un petit garçon tout semblable à cent mille petits garçons. Je n'ai pas besoin de toi. Et tu n'as pas besoin de moi non plus. Je ne suis pour toi qu'un renard semblable à cent mille renards. Mais, si tu m'apprivoises, nous aurons besoin l'un de l'autre. Tu seras pour moi unique au monde. Et je serai pour toi unique au monde…

— Je commence à comprendre, a dit le petit prince. Il y a une fleur… je crois qu'elle m'a apprivoisé…

— C'est possible, a répondu le renard. On voit sur la Terre toutes sortes de choses…

— Oh ! Ce n'est pas sur la Terre », a dit le petit prince.

Le renard était très intéressé. Il a demandé : « Sur une autre planète ? »

■ gênant, e 不便な、邪魔な ■ créer des liens きずなを築く

「きみ、ここの人じゃないんだね」キツネは言った。「ここで何してるの？」

「人間たちを探しているんだよ」小さな王子さまは言った。「『なつく』って、どういうこと？」

「人間は銃を持ってる。狩りをするんだ」キツネは言った。「まったく迷惑だよ。それからニワトリも育てるんだ。人間がするのはそれだけさ。きみ、ニワトリを探してるのかい？」

「ううん」小さな王子さまは言った。「ぼくは友達を探してるんだ。『なつく』ってなんのこと？」

「あまりにも忘れられてしまったことさ」キツネは言った。「『なつく』って、『つながりやきずなをつくる』ことだよ。今、きみはぼくにとって他の何千もの子と同じ、ただの男の子でしかない。ぼくはきみを必要としないし、きみもぼくを必要としない。きみにとってぼくは他の何千というキツネと同じ、代わり映えしないただのキツネだ。でもきみにぼくがなついたら、ぼくたちはお互いが必要になるんだ。ぼくにとってきみはかけがえのない、たったひとりの存在になる。きみは世界中の他のだれとも違う存在になる。そしてぼくはきみにとってかけがえのないものになるんだ……」

「ぼく、わかりかけてきたような気がするよ」小さな王子さまは言った。「昔、花がいて……その花がぼくをとりこにしたと思ったんだ……」

「ありうることだな」キツネは言った。「地球ではいろんなことが可能なんだ」

「ああ！　地球で起きたんじゃないよ」小さな王子さまは言った。キツネは面白そうに王子さまをながめた。

「違う惑星で起きたのかい？」

« Oui.

— Il y a des chasseurs sur cette planète-là ?

— Non.

— Ça, c'est intéressant ! Il y a des poules ?

— Non.

— Rien n'est parfait », a dit le renard.

Mais le renard revenait à son idée : « Ma vie est toujours la même. Je chasse des poules. Les hommes me chassent. Toutes les poules se ressemblent, et tous les hommes se ressemblent. Je m'ennuie donc un peu. Mais si tu m'apprivoises, ma vie sera comme ensoleillée. Le bruit de pas des autres personnes me fait rentrer sous terre. Mais le bruit de ton pas sera différent. Le tien m'appellera, comme une musique. Je viendrai te dire bonjour. Et puis regarde ! Tu vois, là-bas, les champs de blé ? Je ne mange pas de pain. Le blé pour moi est inutile. Les champs de blé ne me rappellent rien. Et ça, c'est triste ! Mais tes cheveux sont dorés. Alors ce sera merveilleux quand tu m'auras apprivoisé ! Le blé, qui est doré, me fera souvenir de toi. Et j'aimerai le bruit du vent dans le blé… »

Le renard s'est tu. Il a longtemps regardé le petit prince.

« S'il te plaît… apprivoise-moi ! a-t-il dit.

— Je veux bien, a répondu le petit prince. Mais je n'ai pas beaucoup de temps. J'ai des amis à découvrir et beaucoup de choses à connaître.

■ s'ennuyer うんざりする、退屈する ■ bruit de pas 足音 ■ rentrer sous terre 地中に帰る ■ blé *m.* 小麦 ■ avoir des amis à découvrir これから見つける友人がいる、作るべき友人がいる

154

「そうだよ」

「その惑星には猟師がいるかい？」

「いいや」

「面白いなあ！ ニワトリはいるかい？」

「いいや」

「完ぺきなものはないんだな」キツ
ネはため息をついた。

キツネはまた話し始めた。「ぼくの生
活は単調さ。ぼくはニワトリを狩る、
人はぼくを狩る。ニワトリはどれも同
じに見えるし、人も同じに見える。だから、退屈するんだな。でも、もしきみ
がぼくをなつかせてくれたら、ぼくの人生はお日さまでいっぱいになるよ。
ほかの人間の足音が聞こえたら、ぼくは走って隠れるさ。でもきみの足音な
ら、音楽みたいに聞こえるよ。ぼくは出てきてきみに挨拶する。ほら、ごら
んよ！ 向こうに麦畑が見えるだろう？ ぼくはパンを食べないから、麦な
んてどうでもいいんだ。麦を見ても、何も思わない。それって悲しいことだ
よ。でもきみの髪は金色だ。そのきみが、ぼくの心を開いてなつかせてくれ
たら、すてきだろうなあ！ 金色の麦を見たら、ぼくはきみのことを思うよ。
そして、麦のあいだに揺れる風の音に聞きほれるんだ……」

キツネはふと黙ると、長いこと小さな王子さまを見つめた。

ついにキツネは言った。「頼むよ……ぼくをなつかせて！」

「ぼくもとってもそうしたいよ」小さな王子さまは答えた。「だけど、時間
がないんだ。友達をつくらなきゃいけないし、知らなきゃいけないこともた
くさんある」

— On ne connaît que les choses que l'on apprivoise, a dit le renard. Les hommes n'ont plus le temps de rien connaître. Ils achètent des choses toutes faites chez les marchands. Mais comme il n'existe point de marchands d'amis, les hommes n'ont plus d'amis. Si tu veux un ami, apprivoise-moi !

— Que faut-il faire ? a demandé le petit prince.

— Il faut être très patient, a répondu le renard. Tu t'assoiras d'abord un peu loin de moi, comme ça, dans l'herbe. Je te regarderai du coin de l'œil. Tu ne diras rien. Le langage est source de malentendus. Mais, chaque jour, tu pourras t'asseoir un peu plus près… »

Le lendemain le petit prince est revenu.

« Tu dois revenir à la même heure chaque jour, lui a dit le renard. Si tu viens à quatre heures de l'après-midi, dès trois heures je commencerai d'être heureux. Plus l'heure avancera, plus je me sentirai heureux. À quatre heures, déjà, je m'agiterai et m'inquiéterai. Je découvrirai le prix du bonheur ! Mais si tu viens n'importe quand, je ne saurai jamais à quelle heure m'habiller le cœur… il faut des rites.

— Qu'est-ce qu'un rite ? a demandé le petit prince.

— C'est aussi quelque chose de trop oublié, a dit le renard. C'est ce qui fait qu'un jour est différent des autres jours, une heure, des autres heures. Il y a un rite, par exemple, chez mes chasseurs. Ils dansent le jeudi avec les filles du village. Alors le jeudi est un jour merveilleux ! Je vais me promener jusqu'à la vigne. Si les chasseurs dansaient n'importe quand, les jours se ressembleraient tous, et je n'aurais pas de vacances. »

■ patient, e 我慢強い、忍耐強い ■ bonheur *m.* 幸せ ■ rite *m.* 儀式
■ se ressembler（互いに）似ている ■ vacances *f.pl.* 休暇

「ぼくたちは、なつかせたもの、きずなを結んだものしか、本当に知ることはできないんだよ」キツネは言った。「人間たちは時間がなくなりすぎて、本当のことを何も知ることができないでいる。店に行って、できあがったものを買う。でも友達を買える店はないから、もう友達もいないんだ。友達がほしいなら、ぼくの心を開かせておくれ！」

「どうすればいいの？」小さな王子さまはたずねた。

「うんと辛抱強くあることだな」キツネは言った。「まず、ぼくからかなり離れて草の中にすわるんだよ。ぼくはきみを注意深く観察する。きみは一言も言わない。誤解っていうものはぜんぶ、話すことで起こるんだからね。でもきみは毎日、少しずつぼくの近くにすわれるようになる……」

翌日、小さな王子さまは戻ってきた。

「毎日、同じ時間に戻ってきたほうがいいね」キツネが言った。「きみがいつも昼の4時に来たら、ぼくは3時ごろから嬉しくなるよ。4時に近づけば近づくほど、嬉しくなるんだ。4時になったら、ぼくはもう有頂天になってるだろう。幸せとはどんなものかを知るんだ！　でもきみが毎日違う時間に来たら、嬉しくなる準備をいつ始めていいのかわからないよ……。ならわしがいるんだ」

「ならわしってなんだい？」小さな王子さまがたずねた。

「これも、あまりにもたくさんの人が忘れてることさ」キツネは言った。「ならわしっていうのは、一日がほかの日と、一時間がほかの時間と違うようにすることさ。たとえば、ぼくを狩る猟師たちにもならわしがある。毎週木曜日には村の娘たちと踊りに行くんだ。だから、木曜日は毎週、天国さ！ぼくはどこでも散歩できる。でももし猟師たちがいつも踊ってたら、毎日は他の日と同じで、ぼくは休日なんか取れなくなっちゃうよ」

Ainsi le petit prince a apprivoisé le renard. Et quand l'heure du départ a été proche :

« Ah ! a dit le renard. Je pleurerai.

— C'est ta faute, a dit le petit prince. Je ne te souhaitais point de mal. Mais tu as voulu que je t'apprivoise…

— Bien sûr, a dit le renard.

— Mais tu vas pleurer ! a dit le petit prince.

— Bien sûr, a répondu le renard.

— Alors tu n'y gagnes rien ! Pourquoi as-tu voulu que je t'apprivoise ?

— J'y gagne, a dit le renard, à cause de la couleur du blé. »

Puis il a dit : « Va revoir les roses. Tu comprendras que la tienne est unique au monde. Tu reviendras me dire adieu, et je te ferai cadeau d'un secret. »

■ je ne te souhaitais point de mal 君を傷つけたくなかった ■ gagner 得る

こうして、小さな王子さまはキツネをなつかせた。やがて王子さまの出発するときが来て、キツネは言った。

「ああ！　ぼくは泣くよ……」

「きみのせいなんだよ」小さな王子さまは答えた。「きみを傷つけたくなかったんだ。でもきみが、なつかせてって言ったから……」

「もちろんさ」キツネは言った。

「でも泣くんじゃないか！」

「もちろん」

「だったら、きみには何のいいことがあるんだい？ どうしてこんなことをしたの？どんな理由で？」小さな王子さまはたずねた。

「理由は、麦の金色にある」キツネは答えた。

そして付けくわえた。

「戻っていって、バラ園を見てきたらいい。きみのバラがかけがえのないものだってわかるから。それからぼくにさよならを言いに来て。そうしたらきみに秘密を教えてあげよう。それがぼくからの贈り物だ」

« *Si tu viens à quatre heures de l'après-midi, dès trois heures je commencerai d'être heureux.* »

きみがいつも昼の4時に来たら、ぼくは3時ごろから嬉しくなるよ。

Le petit prince s'en est allé revoir les roses.

« Vous n'êtes pas du tout semblables à ma rose. Vous n'êtes rien encore, a dit le petit prince aux roses. Personne ne vous a apprivoisées et vous n'avez apprivoisé personne. Vous êtes comme était mon renard. Ce n'était qu'un renard semblable à cent mille autres. Mais j'en ai fait mon ami, et il est maintenant unique au monde. »

Et les roses étaient bien gênées.

« Vous êtes belles, mais vous êtes vides, leur a encore dit le petit prince. On ne peut pas mourir pour vous. Bien sûr, une personne ordinaire croirait que ma rose vous ressemble. Mais ma rose est plus importante que vous toutes, puisque c'est elle que j'ai arrosée. Puisque c'est elle que j'ai mise sous globe. Puisque c'est elle que j'ai abritée par le paravent. Puisque c'est elle dont j'ai tué les chenilles (sauf les deux ou trois pour les papillons). Puisque c'est elle avec qui j'ai parlé et avec qui j'étais silencieux. Puisque c'est ma rose. »

Et le petit prince est revenu vers le renard :

« Adieu, a-t-il dit…

— Adieu, a dit le renard. Voici mon secret. Il est très simple : on ne voit bien qu'avec le cœur. L'essentiel est invisible pour les yeux.

— L'essentiel est invisible pour les yeux », a dit le petit prince. Il voulait se souvenir.

■ arroser 水をやる

小さな王子さまは戻っていって、バラ園のバラを見た。

「きみたちは、ちっともぼくのバラに似てないね。くらべものにならないよ」王子さまはバラたちに言った。「だれも、きみたちをなつかせたことはなかったし、きみたちも、だれもなつかせたことがないんだ。ぼくのキツネは、昔はきみたちのようだった。ほかの何千のキツネと同じただのキツネだった。でもぼくがキツネを友達にしたから、今じゃ、世界中で彼みたいなキツネは他にいないんだ」

バラたちは気をわるくした。

「きみたちは美しいよ、でも空っぽだ」小さな王子さまはバラたちに言った。「だれもきみたちのためには死なないよ。もちろん普通の人には、ぼくのバラもきみたちと同じように見えるだろうね。でもぼくは、きみたちぜんぶよりも、ぼくのバラが大切だってわかってるよ。だって、ぼくが大切に水をあげてきたのは、このバラなんだからね。ぼくがケースをかぶせ、寒さから守ってやり、毛虫を(蝶になるように残した2、3匹以外は)やっつけてあげたのは、このバラのためなんだ。ぼくとおしゃべりをして、ぼくと静かにいたのはこのバラなんだ。ぼくのバラだからだ」

そして小さな王子さまはキツネのところに戻った。

「さよなら」小さな王子さまは言った。

「さよなら」キツネも言った。「ぼくの秘密を教えてあげるよ。とっても簡単なことなんだ。ぼくたちは、心の目で見ない限り、何もはっきりと見えないんだ。一番大切なものは、目に見えないんだよ」

「一番大切なものは、目に見えない」小さな王子さまは繰り返した。どうしても憶えておきたかったのだ。

« C'est le temps que tu as perdu pour ta rose qui fait ta rose si importante.

— C'est le temps que j'ai perdu pour ma rose… a dit le petit prince. Il voulait se souvenir.

— Les hommes ont oublié cette vérité, a dit le renard. Mais tu ne dois pas l'oublier. Tu deviens responsable pour toujours de ce que tu as apprivoisé. Tu es responsable de ta rose…

— Je suis responsable de ma rose… » a dit le petit prince. Il voulait se souvenir.

XXII

« Bonjour, a dit le petit prince.

— Bonjour, a dit l'aiguilleur.

— Que fais-tu ici ? a demandé le petit prince.

— Je trie les voyageurs… des milliers de voyageurs, a dit l'aiguilleur. J'expédie les trains qui les emportent. Les trains vont tantôt vers la droite. Ils vont tantôt vers la gauche. »

Et un train illuminé a fait trembler la cabine d'aiguillage. Il faisait un bruit comme le tonnerre.

■pour toujours 永久に ■aiguiller m.（鉄道の）信号手
■illuminé, e（明かりなどに）明るく照らされた ■tonnerre m. 雷

「きみがバラのために費やした時間、それがバラをこんなに大切にしたんだ」

「ぼくがバラのために費やした時間……」小さな王子さまは繰り返した。これを憶えておきたかったからだ。

「人は、この真実を忘れてしまった」キツネは言った。「でもきみは忘れちゃいけない。きみは、なつかせたもの、心を開かせた相手には、永久に責任があるんだ。きみのバラに、責任がある……」

「ぼくはバラに責任がある……」小さな王子さまは繰り返した。憶えておきたかったから。

第２２章

「おはよう」小さな王子さまは言った。

「おはよう」列車の信号手は言った。

「ここで何をしてるの？」小さな王子さまはたずねた。

「旅行者をあちこちに移動させるのさ。一度に何千人も動かすんだよ」線路のポイントを切りかえる信号手は言った。「旅行者の乗った列車を動かすんだ。右へ行く列車もあるし、左へ行く列車もある」

その時、明かりを一杯つけた特急列車が走り去った。雷みたいな音をとどろかせながら、信号手の小屋を震わせていった。

« Ces hommes sont bien pressés, a dit le petit prince. Que cherchent-ils ?

— L'homme de la locomotive ne sait pas lui-même, a dit l'aiguilleur.

Puis, un second train illuminé a grondé, en sens inverse.

« Ces hommes reviennent déjà ? a demandé le petit prince.

— Ce ne sont pas les mêmes, a dit l'aiguilleur. C'est un échange.

— Ils n'étaient pas contents, là où ils étaient ?

— On n'est jamais content là où l'on est », a dit l'aiguilleur.

Puis, le tonnerre d'un troisième train illuminé a grondé.

« Ils poursuivent les premiers voyageurs ? a demandé le petit prince.

— Ils ne poursuivent rien du tout, a dit l'aiguilleur. Ils dorment dans le train, ou ils bâillent. Les enfants seuls écrasent leur nez contre les vitres.

— Les enfants seuls savent ce qu'ils cherchent, a dit le petit prince. Les enfants perdent du temps pour une poupée, et elle devient très importante. Si on leur enlève la poupée, ils pleurent…

— Ils ont de la chance », a dit l'aiguilleur.

■ inverse 反対側の　■ échange *m.* 交換　■ poursuivre ～に追いつく　■ enlever ～を取り上げる

「あの人たち、急いでるんだね」小さな王子さまは言った。「みんな、何を探してるの？」

「それは、列車の運転士も知らないんだよ」信号手は答えた。

2台目の列車が、急いで通り過ぎた。今度は反対方向へ進んでいった。

「あの人たち、もう帰っていくの？」小さな王子さまはたずねた。

「同じ人たちじゃないよ」信号手は言った。「あれは、すれ違ったんだ」

「自分のいた所で幸せじゃなかったから？」

「自分のいる場所で満足する人はいないね」信号手は答えた。

3台目の列車が通り過ぎた。

「あの人たち、1台目の旅行者に追いつこうとしてるの？」小さな王子さまはたずねた。

「何もしようとしてないよ」信号手は答えた。「列車の中では寝るか、あくびするかなのさ。窓に顔を押し付けているのは子どもたちだけだよ」

「子どもたちだけが、何をさがしているのかわかっているんだね」小さな王子さまは言った。「子どもたちは、時間をかけて人形の世話をやく、そうすると、その人形がとても大切になる。だからもしその人形を取り上げられたら、泣くんだ……」

「その子たちはラッキーなのさ」信号手は言った。

XXIII

« Bonjour, a dit le petit prince.

— Bonjour », a dit le marchand.

C'était un marchand de pilules. Ces pilules apaisent la soif. On avale une pilule par semaine et l'on n'a plus le besoin de boire.

« Pourquoi vends-tu ça ? a demandé le petit prince.

— C'est une grosse économie de temps, a dit le marchand. Les experts ont fait des calculs. On épargne cinquante-trois minutes par semaine.

— Et que fait-on des cinquante-trois minutes ?

— On en fait ce que l'on veut… »

Le petit prince s'est dit : « Si j'avais ces cinquante-trois minutes, je marcherais tout doucement vers une fontaine… »

■ pilule *f.* 錠剤 ■ soif *f.* のどの渇き ■ économie *f.* 節約 ■ fontaine *f.* 泉、水汲み場、水飲み場

第23章

「おはよう」小さな王子さまは言った。

「おはよう」セールスマンは言った。

このセールスマンは、特殊な錠剤を売っていた。これを飲むと、のどの渇きを感じなくなる。毎週、一錠ずつ飲めば、水を全く飲まなくてもいいのだ。

「どうしてこの錠剤を売ってるの？」小さな王子さまはたずねた。

「ものすごく時間が節約できるからさ」セールスマンは言った。「科学者たちが計算したんだ。この錠剤で、毎週53分の節約になる」

「その53分で何をするの？」

「何でも、やりたいことをやるのさ……」

「もし53分あったら、ぼくなら、きれいな水の出る井戸にゆっくりと歩いていくけどなあ」小さな王子さまはつぶやいた。

XXIV

C'était maintenant le huitième jour de ma panne d'avion. J'avais écouté l'histoire du marchand en buvant la dernière goutte de ma provision d'eau.

« Ah ! j'ai dit au petit prince. Tes souvenirs sont bien jolis, mais je n'ai pas encore réparé mon avion. Et je n'ai plus rien à boire. Je serais heureux si je pouvais marcher tout doucement vers une fontaine !

— Mon ami le renard... m'a dit le petit prince.

— Mon petit bonhomme, il ne s'agit plus du renard !

— Pourquoi ?

— Parce qu'on va mourir de soif... »

Le petit prince n'a pas compris mon raisonnement. Il m'a répondu : « C'est bien d'avoir eu un ami, même si l'on va mourir. Moi, je suis bien content d'avoir eu un ami renard...

— Il ne mesure pas le danger, me suis-je dit. Il n'a jamais ni faim ni soif. Un peu de soleil lui suffit...

Mais le petit prince m'a regardé. Il a répondu à ma pensée : J'ai soif aussi... Cherchons un puits... »

■ panne *f.* 事故による故障 ■ mourir de soif 渇き死ぬ

第24章

　ぼくの飛行機が墜落してから8日たった。小さな王子さまがセールスマンの話をするのを聞きながら、ぼくは残った水の最後の一滴を飲んだ。

　「ああ！」ぼくは小さな王子さまに言った。「きみの思い出話にはとても興味を引かれるよ。でも飛行機は修理できてない。水も、もうない。真水の出る井戸へゆっくりと歩いていけたら、ぼくはそれこそ嬉しいだろうよ！」

　「ぼくの友達のキツネが言ったことには……」

　「でもきみ、キツネとは全く関係ないんだ！」

　「なぜ？」

　「なぜって、ぼくらはのどが渇いて死んでしまうからさ……」

　王子さまにはわからなかった。そして言った。「もし死ぬとしても、友情を培っておいたのはいいことだよ。ぼくは、キツネと友達になったこと、本当に嬉しいよ……」

　「王子さまは、この危険がわかっていない」ぼくは心の中で思った。「腹が減ったり、のどが渇いたりということがないんだ。お日さまがほんの少しあれば、生きていけるんだ……」

　しかし、王子さまはこちらを見て、ぼくの思っていることにちゃんと答えた。

　「ぼくものどが渇いたよ……。真水の出る井戸を探しに行こう……」

J'étais fatigué. Il est absurde de chercher un puits dans le désert. Cependant, nous sommes allés chercher.

Nous ne parlions pas. La nuit était tombée. Les étoiles ont commencé de s'éclairer. C'était comme un rêve, à cause de ma soif. Les mots du petit prince dansaient dans ma mémoire.

« Tu as donc soif, toi aussi ? » lui ai-je demandé.

Mais il n'a pas répondu à ma question. Il m'a simplement dit :

« L'eau peut aussi être bonne pour le cœur… »

Je ne comprenais pas sa réponse. Mais je me taisais… Je savais bien qu'il ne fallait pas l'interroger.

Il était fatigué. Il s'est assis. Je me suis assis auprès de lui. Et, après un silence, il dit encore :

« Les étoiles sont belles, à cause d'une fleur que l'on ne voit pas… »

« Bien sûr », ai-je dit. Et je regardais, sans parler, le sable sous la lune.

« Le désert est beau », a-t-il dit.

Et c'était vrai. J'ai toujours aimé le désert. On s'assoit sur une dune de sable. On ne voit rien. On n'entend rien. Et cependant quelque chose rayonne en silence…

« Ce qui embellit le désert, m'a dit le petit prince, c'est qu'il cache un puits quelque part. »

■ falloir +*inf.* ～する必要がある ■ sable sous la lune 月に照らされた砂

170

　ぼくは疲れを感じた。砂漠の中で、井戸を探すなんてばかばかしいと思った。この砂漠は巨大だ。どこから探せばいいのか見当もつかない。でもとにかく、ぼくらは歩き始めた。

　何時間も、ぼくらはただ歩いて、一言もしゃべらなかった。夜になって、星が出た。ぼくはあんまりのどが渇いて、気分がわるくなった。何もかもが夢の中のできごとのようだ。小さな王子さまの言葉が、ぼくの頭のなかで踊る。

　「じゃ、きみものどが渇いてるんだね？」ぼくはたずねた。

　でも王子さまは答えなかった。ただ、こう言っただけだった。

　「水は心にもいいんだよ……」

　ぼくにはわからなかった。それでも、どういう意味かと聞いたりしなかった……。その必要がないことは、わかっていたから。

　王子さまは疲れて、すわり込んだ。ぼくも隣にすわった。しばらくして、王子さまが言った。

　「星はきれいだ。ここからは見えない花が、どこかで一輪咲いているからだね……」

　「そうだね」ぼくは言って、月に照らされた砂の起伏を見つめた。

　「砂漠は美しい」小さな王子さまが言った。

　そのとおりだった。ぼくはいつも砂漠を愛してきた。砂漠では、砂の上にすわるのだ。何も見えない。何も聞こえない。なのに、何か美しいものが静寂を満たすのだ……。

　「砂漠は美しい」小さな王子さまが言った。「どこかに井戸が隠されているから」

J'étais surpris de comprendre soudain la beauté du désert. Lorsque j'étais petit garçon, j'habitais une maison ancienne. La légende racontait qu'un trésor y était enfoui. Bien sûr, jamais personne n'a su le découvrir. Peut-être personne ne l'a cherché. Mais l'histoire du trésor enchantait toute cette maison. Ma maison cachait un secret au fond de son cœur…

« Oui, ai-je dit au petit prince. Qu'il s'agisse de la maison, des étoiles ou du désert, ce qui fait leur beauté est invisible !

— Je suis content que tu sois d'accord avec mon renard », m'a dit le petit prince.

Le petit prince s'endormait. Je l'ai pris dans mes bras. Je me suis remis en route. J'étais ému. Il me semblait porter un trésor fragile. Il me semblait qu'il n'y eût rien de plus fragile sur la Terre. Je regardais, à la lumière de la lune, ce front pâle, ces yeux clos, ces cheveux qui tremblaient au vent. Je me disais : « Ce que je vois là n'est qu'une écorce. Le plus important est invisible… »

Je me disais encore : « Ce qui m'émeut de ce petit prince, c'est sa fidélité pour une fleur. C'est l'image d'une rose qui rayonne en lui comme la flamme d'une lampe. Elle rayonne même quand il dort… » Et il me semblait plus fragile encore. Il faut bien protéger les lampes : un coup de vent peut les éteindre…

Au lever du jour, j'ai découvert le puits.

■ trésor *m.* 宝物 ■ fragile 壊れやすい、もろい ■ écorce *f.* 皮、外観

　突如としてぼくは、砂漠がなぜ美しいかを理解した。子どもだったころ、ぼくはとても古い家に住んでいた。その家のどこかに宝物が隠されているらしいとずっと言われてきた。もちろん、だれも見つけたものはいない。真剣に探した人もいなかったのだろう。それでも、この宝物の言い伝えが家を満たし、美しくした。ぼくの家は、見えない中心部の奥深く、秘密を隠していたのだ……。

　「そうだ」ぼくは小さな王子さまに言った。「ぼくらの話していることが家でも、星でも、砂漠でも関係ない──それらを美しくしているものは、目には見えないんだ！」

　「きみが、友達のキツネと同じことを考えていてくれてうれしいよ」王子さまは言った。

　そして、小さな王子さまは眠りに落ちた。ぼくは彼を抱き上げた。王子さまを抱きかかえて、歩いた。ぼくは胸がいっぱいだった。こわれそうな宝物を抱えている気がした。この地上で、これほど繊細でこわれやすいものはないような気がした。月明かりに、ぼくはその青白い顔や、閉じた眼、風にかすかに揺れる髪を見つめた。ぼくは心の中で思った。「今見ているのは、外側の、殻にすぎないんだ。一番大切な部分は目には見えないんだ……」

　眠りの中で、半分笑ったような王子さまの唇を見ながら、ぼくは思った。「小さな王子さまの持つ、自分の花への本物の愛が、ぼくの心を満たす。王子さまの愛は、ランプの光みたいに、彼の内側から光を放ってる。眠っているときでさえ輝いて……」そうすると、王子さまはなおいっそう、こわれやすいものに思えるのだった。この光は守らなければならない。ほんのかすかな風で消えてしまうかもしれないのだから……。

　その日の早朝、ぼくは井戸を見つけた。

【dire adieu à A】　Aに別れを告げる

> Tu reviendras me dire adieu, et je te ferai cadeau d'un secret.
> （p.158，下から2-1行目）
> 君はぼくにさよならを言いにきて、ぼくは君に秘密の贈り物をしてあげよう。

人と別れるときの表現をいくつかおさえておきましょう。

- dire adieu, faire ses adieux　別れを告げる（しばらく再会の予定がない）

  Je dit à mes amis avant de partir pour la France.

  （= J'ai fait mes adieux aux amis avant de partir pour la France.）
  私はフランスへ出発する前に友達に別れを告げた。

  Je ne veux pas dire adieu.（= Sans adieu.）　また近いうちに会いましょう。

- Au revoir.　さようなら（一般的なあいさつ）。

- A bientôt.　ではまたね。

- A toute à l'heure.　あとでまたね（再会の予定がある）。

- à la prochaine fois.　また今度会いましょう。

【être gêné】　気詰まりな、困惑した

> Les roses étaient bien gênées.（p.160，7行目）
> バラたちは気を悪くした。

不快な感情を表す表現をおさえておきましょう。

- gêné　気詰まりな、財政的に困っている

  Cet homme a paru gêné de voir l'agent de police.
  その男は警察官をみて困った顔をした。

  Pierre se trouve gêné parce qu'il a acheté un bijou en or pour Marie.
  ピエールはマリーのために金のアクセサリーを買ったので金に困っている。

■ être fâché contre A　　Aに対して怒っている

Marie est fâchée contre les paroles de Pierre.
マリーはピエールの言葉に腹を立てている。

■ être irrité contre A　　Aに対していらいらしている

Marie est irritée contre les parloles de Pierre.
マリーはピエールの言葉にいらだっている。

【tantôt... tantôt...】　あるときは…またあるときは…

Les trains vont tantôt vers la droite. Ils vont tantôt vers la gauche.
（p.162，下から4行目）
右へ行く列車もある。左へ行く列車もある。

　二つのことなる状況を比較しながら述べる表現です。単独で用いるときは「午後」
という意味になります。

【例文】Les parents se montrent tantôt gentils, tantôt durs envers leurs
　　　 enfants.
　　　　親というものは子供に対して時にやさしく、時にきびしいものだ。

　　　 Tantôt elle parle beaucoup, tantôt elle est taciturne.
　　　　彼女は饒舌のときもあれば、無口のときもある。

　　　 Je reviendrai tantôt.　午後に戻ります。

　　　 A tantôt.　ではまた午後に。

　　　 J'ai vu Marie sur le vendredi tantôt　金曜日の午後、マリーに会った。

【être pressé】　急いでいる

Ces hommes sont bien pressés.（p.164，1行目）
この人たちは急いでいる。

　急いでいる、あわてている、忙しい様子を表す表現をいくつか覚えておきましょ
う。

- être pressé de + inf.　〜しようと急いでいる

  Il est pressé de partir.　彼は出発しようと急いでいる。

- se hâter de + inf., à la hâte　急いで〜する

  Il s'est hâté de partir.（＝Il est parti à la hâte.）　彼は急いで出発した。

- être occupé de 〜　〜で忙しい

  Je suis occupé de mes affaires.　私は自分の用事で忙しい。

【gronder】　轟々と鳴る

Le tonnerre d'un troisième train illuminé a grondé.（p.164, 9行目）
光に照らされた3台目の列車の走る轟音が鳴り響いた。

　雷のような轟音をあらわすgronderは、「しかる」「吼える」「怒る」という意味があります。単語の本来のイメージがつかめていると、そこから派生した意味もよくわかりますね。

　　【例文】　Le loup grondait.　狼がうなり声を上げていた。

　　　　　　L'émeute a grondé dans la région.　その地方で暴動が起きた。

　　　　　　La rage gronde en lui.　怒りが彼のなかで煮えたぎっている。

　　　　　　Tu vas te faire gronder par ton père.　今にお父さんにしかられますよ。

【il s'agit de 〜】　〜が問題である

Il ne s'agit plus du renard.（p.168, 8行目）
キツネとはもう関係ないんだ。

　何かの説明をするとき、問題点を整理するのに有効な表現をいくつか押さえておきましょう。

- hors de question　論外の

  C'est hors de question.　それは論外だ。

- compter　重要である

  Ce qui compte est si vous avez pris la décision d'y aller tout seul.
  重要なのはあなたがひとりでそこへ行く決心をしたかどうかです。

  Ce qui compte pour nous, c'est la mongtagne.（P118. 下から7行目）
  われわれにとって大切なのは山なのじゃ。

- regarder（=concerner）A　A に関係がある

  Cela ne me regarde pas.（ = Cela ne me concerne pas.）
  （=Ce n'est pas de mes affaires.）
  それは私には関係ないことです。

【prendre A dans ses bras】　Aを両手で抱き上げる

> Je l'ai pris dans mes bras.（p.172. 11行目）
> ぼくは彼を抱き上げた。

　腕 bras をつかった表現。ここでは à tour de bras（力いっぱい、精を出して、やたらと）を挙げてみます。この他にも目、鼻、口、手など、体を使った、ユニークな表現がたくさんありますので、関心をもって調べてみてください。

- 力いっぱい

  L'agent de police a frappé la porte à tour de bras.
  警官は扉を力いっぱいたたいた。

- 精を出して

  Pierre a envoyé ses lettres à Marie à tour de bras.
  ピエールはマリーにせっせと手紙を書いた。

- やたらと

  Le voleur ment à tour de bras.
  泥棒はしょっちゅう嘘をつく

本文に出てくる mes bras ですが、単数形になった場合は、情景が違ってきます。
こうした点も注意して読みましょう。

Il m'a saisi par le bras.　　彼は片手をのばしてぼくの肩をつかんだ。
Il m'a saisi par les bras.　　彼は両手でぼくの肩をつかんだ。

あとの文の方が、〈彼〉と〈ぼく〉の距離や向きがぐっと近づいている感じがしませんか？

【être ému】　感動している

J'étais ému.（p.172，12行目）
ぼくは胸がいっぱいだった。

感動をあらわす表現です。frapper, attirer を使った表現もあります。

【例文】 J'ai été ému par le spectacle de leur misère pour parler des mots.
あまりに悲惨な彼らの光景に胸がつまって、言葉にならなかった。

émouvoir le cœur de A
Aの心を感動させる

Son exécution a ému le cœur de toute la salle.
彼の演奏は会場全体を感動でゆすぶった。

■ s'émouvoir　感動する

Ils se sont émus à la vue de la beauté de ce paysage.
彼らはその風景の美しさにふれて感動した。

■ frapper　感動させる、心を打つ

Qu'est-ce qui vous a frappé le plus au cours de votre voyage dans
cette région?
その地域を旅行してみて何がもっとも心に残りましたか？

■ attirer　魅了する、心をひきつける

Cette chanteuse a un charme qui attire tout le monde.
この歌手はすべての人をひきつける魅力がある。

La Septième Partie

───────── ✳ ─────────

les chapitres 25-27

XXV

« Les hommes s'enfournent dans les trains, a dit le petit prince. Mais ils ne savent plus ce qu'ils cherchent. Alors ils s'agitent et tournent en rond… »

Et il a ajouté : « Ce n'est pas la peine… »

Le puits que nous avions trouvé ne ressemblait pas aux puits sahariens. Les puits sahariens sont de simples trous creusés dans le sable. Celui-là ressemblait à un puits de village. Mais il n'y avait là aucun village. Je croyais rêver.

« C'est étrange, ai-je dit au petit prince. Tout est prêt : la poulie, le seau et la corde… »

Il a ri. Il a touché la corde. Il a fait jouer la poulie. Et la poulie a gémi comme une vieille girouette gémirait quand le vent a longtemps dormi.

« Tu entends ? a dit le petit prince. Nous réveillons ce puits. Maintenant il chante… »

Je ne voulais pas qu'il fît un effort. Je lui ai dit :

« Laisse-moi faire. C'est trop lourd pour toi. »

■ creusé, e 掘られた ■ poulie *f.* 滑車 ■ seau *m.* バケツ ■ corde *f.* ロープ ■ gémir うめくうなる ■ girouette *f.* 風見鶏 ■ réveiller 目覚めさせる

第25章

「人間たちって、列車に乗ろうとして急ぐんだね」小さな王子さまは言った。「でも、自分が何を探しているのかわからないんだ。だから、腹を立てる。そして、同じところをぐるぐると走り回るんだ……」

王子さまは続けて言った。

「そんなことをする理由は一つもないのにね……」

ぼくらが見つけた井戸は、サハラ砂漠にある普通の井戸とは違っていた。砂漠の井戸というものはたいてい、砂に穴を掘っただけのものだ。これは、村にある井戸のようだった。でもこのあたりに村はない。夢を見ているのかもしれないと思った。

「不思議だね」ぼくは小さな王子さまに言った。「何もかも、そろってる。滑車も、つるべも、ロープも……」

王子さまは笑って、ロープをつかみ、滑車を動かし始めた。滑車は、久しぶりの風を受けた古い風見鶏のように、きしんだ音を立てた。

「聞こえるかい？」王子さまは言った。「ぼくらは井戸を目覚めさせたんだ。今はほら、歌ってる……」

ぼくは、王子さまひとりに作業をやらせたくなかった。

「ぼくがやろう」ぼくは言った。「きみには重すぎるよ」

Lentement j'ai hissé le seau. Dans mes oreilles durait le chant de la poulie. Dans l'eau qui tremblait encore, je voyais trembler le soleil.

« J'ai soif de cette eau-là, m'a dit le petit prince. Donne-moi à boire… »

Et j'ai compris ce qu'il avait cherché !

J'ai soulevé le seau jusqu'à ses lèvres. Il a bu, les yeux fermés. C'était doux comme une fête. Cette eau était bien autre chose qu'un aliment. Elle était née de la marche sous les étoiles, du chant de la poulie, de l'effort de mes bras. Elle était bonne pour le cœur. C'était comme un cadeau. Lorsque j'étais petit garçon, la lumière de l'arbre de Noël et la musique de la messe de minuit faisaient ainsi tout le rayonnement du cadeau de Noël que je recevais.

■ fête ƒ. 祭り ■ messe ƒ. ミサ

　ゆっくりと、ぼくはつるべを引っ張り上げて、井戸のふちにのせた。今で
も、耳の奥であの滑車の歌が聞こえる。水面に反射する太陽の光が見える。
　「この水が飲みたい」王子さまは言った。「少し飲ませてよ……」
　この時、ぼくは、王子さまの探し物がわかったのだ！
　ぼくはつるべを王子さまの口元に持っていった。王子さまは目を閉じて、
飲んだ。水は甘かった。それを飲むのは祝祭のようだった。この水は、ただ
の飲み水じゃない。これが甘いのは、ぼくらが星降る空の下を歩き、滑車が
歌い、ぼくが腕に力を込めて汲んだからだ。この水は、心にいい水なのだ。
贈り物みたいに。子どもの頃のクリスマスがよみがえってくる。ツリーを飾
るたくさんの光や、真夜中のミサの音楽が、ぼくらの心を喜びで満たしてく
れた。それこそが、クリスマスの贈り物だった。

Il a touché la corde. Il a fait jouer la poulie.
王子さまは笑って、ロープをつかみ、滑車を動かし始めた。

Le petit prince a dit : « Les hommes de la Terre cultivent cinq mille roses dans un même jardin… et ils n'y trouvent pas ce qu'ils cherchent.

— Ils ne le trouvent pas, ai-je répondu.

— Et cependant ce qu'ils cherchent pourrait être trouvé dans une seule rose ou un peu d'eau…

— Bien sûr », ai-je dit.

Et le petit prince a dit : « Mais les yeux sont aveugles. Il faut chercher avec le cœur. »

J'avais bu. Je respirais bien. Le sable, au lever du jour, était couleur de miel. J'étais heureux aussi de cette couleur de miel. Pourquoi fallait-il que j'eusse de la peine ?

« Il faut que tu tiennes ta promesse », m'a dit doucement le petit prince. Il s'était assis auprès de moi.

« Quelle promesse ?

— Tu sais… une muselière pour mon mouton… je suis responsable de ma fleur ! »

J'ai sorti de ma poche mes dessins. Le petit prince les regardait et a dit en riant :

« Tes baobabs ressemblent un peu à des choux…

— Oh ! » Moi qui étais si fier des baobabs !

« Ton renard… ses oreilles… Ses oreilles ressemblent un peu à des cornes… et elles sont trop longues ! »

Et il riait encore.

■ promesse *f.* 約束　■ muselière *f.* 口輪　■ chou *m.* キャベツ

　小さな王子さまは言った。「この惑星の人たちは、たった一つの庭に5000本のバラを植える……それでも、探しているものを見つけられないんだ……」

「見つけられないね」ぼくは応えた。

「探し物は、たった一本のバラや、たった一杯の水の中に見つけられるのにね……」

「ほんとうだね」ぼくは言った。

「でもぼくらの目には見えない。心の目で見なければならないんだ」

　ぼくは水を飲んだおかげで、気分がよくなっていた。朝の光の中で、砂漠の砂ははちみつの色をしている。ぼくは満ち足りた気持ちでそれをながめた。なのになぜ、まだ悲しいのだろう？

「約束を守ってね」王子さまは静かに言った。ぼくの隣にすわっていた。

「約束って、なんの？」

「ほら……ぼくのヒツジの口輪だよ……。ぼくは、あの花に責任があるんだ」

　ぼくは、ポケットから絵を取り出した。小さな王子さまはそれを見て、笑い始めた。

「きみのバオバブは、キャベツみたいだね……」

「えっ！」ぼくはバオバブの絵にはかなり自信があったのに！

「それにキツネも……耳が……ちょっと角みたいじゃないか……それに長すぎるよ！」

　王子さまはまた笑った。ぼくは言った。

J'ai dit : « Tu es injuste, petit bonhomme. Je ne savais rien dessiner que les boas fermés et les boas ouverts.

— Oh ! ça ira, a-t-il dit. Les enfants savent. »

J'ai donc dessiné une muselière. Mais mon cœur était triste. J'ai dit au petit prince : « Tu as des projets que j'ignore… »

Mais il ne m'a pas répondu. Il m'a dit :

« Tu sais, ma chute sur la Terre… c'en sera demain l'anniversaire… »

Puis, après un silence il a dit encore :

« J'étais tombé tout près d'ici… » Et il rougissait.

Et de nouveau, sans comprendre pourquoi, j'ai éprouvé une tristesse bizarre. Je lui ai demandé :

« Alors, ce n'est pas par hasard que, le jour où je t'ai connu, tu te promenais dans le désert ? Tu retournais vers le point de ta chute ? »

Le petit prince a encore rougi.

Et j'ai dit, en hésitant :

« Tu es venu ici à cause, peut-être, de l'anniversaire de ta chute sur la Terre ? »

Le petit prince a rougi de nouveau. Il ne répondait jamais aux questions. Mais, quand on rougit, ça signifie "Oui" n'est-ce pas ?

« Ah ! J'ai peur… » lui ai-je dit.

Mais il m'a répondu :

« Tu dois maintenant travailler. Tu dois repartir vers ton avion.

Je t'attends ici. Reviens demain soir… »

■ injuste 不公平な

「きみ、きみ、それはフェアじゃないよ。ぼくはもともと、大蛇ボアの内と外しか描けないんだからね」

「それでいいんだよ」王子さまは言った。「子どもたちにはわかるよ」

ぼくは王子さまのヒツジにはめる口輪を描いた。でもぼくの心は、なぜか悲しみに沈んでいた。

ぼくは王子さまに言った。「ぼくに話してくれてない計画があるんだね……」

でも王子さまは答えなかった。代わりにこう言ったのだ。

「明日は、明日はね、ぼくが地球に落ちてきてから1年になるんだ……」

そして、少し黙ってからこう言った。

「ぼくが落ちたところは、ここからかなり近いんだ……」王子さまの顔は薄桃色に染まった。

今度も、なぜだかわからないまま、ぼくは奇妙な胸の痛みにおそわれて、たずねた。

「ということは、ぼくがきみに初めて会った朝、砂漠を偶然歩いていたわけじゃなかったのかい？ 落ちた場所へ戻ろうとしていたんだね？」

小さな王子さまの顔はいよいよ赤みが増した。まだ頬を染めている。ぼくは続けた。

「きっと、地球に落ちてから1年だから、戻ろうとしていたんだね？」

王子さまは、ぼくの質問には答えなかった。でも、だれかが頬を染めるとき、それは「うん」ということだよね？

「ああ！」ぼくは言った。「ぼくはきみのことが心配だ……」

でも王子さまは言った。

「きみはもう、行かなきゃ。戻って、飛行機の修理をして。ぼくはここで待ってるよ。明日の夜、戻ってきて……」

Mais je n'étais pas content. Je me souvenais du renard. On risque de pleurer un peu si l'on s'est laissé apprivoiser…

 # XXVI

Il y avait, à côté du puits, un vieux mur de pierre. Lorsque je suis revenu de mon travail, le lendemain soir, j'ai aperçu de loin mon petit prince assis sur le mur. Et je l'ai entendu qui parlait :

« Tu ne t'en souviens donc pas ? disait le petit prince. Ce n'est pas tout à fait ici ! »

Une autre voix lui répondait sans doute, puisque le petit prince a dit :

« Si ! Si ! C'est bien le jour, mais ce n'est pas ici l'endroit… »

Je poursuivais ma marche vers le mur. Je ne voyais ni n'entendais toujours personne. Pourtant le petit prince a encore parlé :

« … Bien sûr. Tu verras où commence ma trace dans le sable. Attends-moi, c'est tout. Je serai là cette nuit. »

J'étais à vingt mètres du mur. Je ne voyais toujours rien.

Le petit prince a encore dit, après un silence :

« Tu as du bon venin ? Tu es sûr de ne pas me faire souffrir longtemps ? »

■ trace *f.* 足跡　■ venin *m.* 毒

ぼくの気持ちはちっとも晴れなかった。キツネのことを思い出していた。心を開いてなつかせることを許したら、つらい気持ちになる危険も冒すんだ……。

第２６章

　井戸のかたわらには、古い石の壁が立っていた。次の日の夜、ぼくが戻ると、ぼくの小さな王子さまが壁の上にすわっているのが見えた。そしてこう言うのが聞こえた。

「覚えていないの？ 正確にはここじゃなかったよ！」

　だれかが答えたに違いない。王子さまは言い返している。

「ああ、そう、そうなんだ！ 今日がその日だよ。でも場所はここじゃない……」

　ぼくは壁に向かって歩き続けた。小さな王子さま以外には、だれの姿も声もない。でも王子さまはまたこう言った。

「……もちろんだよ。砂の上にぼくの足跡が見えるよ。きみは、ぼくが来るのを待つだけでいいんだ。今晩、そこに行くから」

　ぼくは、壁から20メートルのところに来ていた。それでも、だれも見えない。

　少ししてから、王子さまがたずねた。

「きみのはいい毒なんだね？ あまり長く苦しまなくてもいいんだね？」

Je me suis arrêté, le cœur serré. Mais je ne comprenais toujours pas.

« Maintenant va-t'en, a dit le petit prince. Je veux redescendre ! »

Alors j'ai abaissé moi-même les yeux vers le pied du mur. J'ai fait un bond ! Il était là, dressé vers le petit prince, un de ces serpents jaunes qui vous tuent en trente secondes. J'ai tiré mon revolver. J'ai couru vers le mur. Mais, au bruit que je faisais, le serpent s'est laissé doucement couler dans le sable et s'est faufilé entre les pierres.

Je suis venu au mur juste à temps pour y recevoir dans les bras mon petit bonhomme de prince. Il était pâle comme la neige.

« Quelle est cette histoire-là ! Tu parles maintenant avec les serpents ? »

J'avais défait son éternel cache-nez d'or. Je lui avais mouillé les tempes. Je l'avais fait boire. Mais je n'osais plus rien lui demander. Il me regardait gravement. Il m'a entouré le cou de ses bras. Je sentais battre son cœur. Il était comme celui d'un oiseau qui meurt. Il m'a dit :

« Je suis content que tu aies trouvé ce qui manquait à ton avion. Tu vas pouvoir rentrer chez toi…

— Comment sais-tu ? » Je venais juste lui annoncer que j'avais réussi mon travail !

■ redescendre（昇った後で）降りる ■ tirer son révolver 銃を撃つ
■ se laisser doucement couler するりとすり抜ける ■ se faufiler entre ～の間に巧み
に入り込む ■ défaire ～をほどく ■ cache-nez m. 襟巻き、マフラー

ぼくは立ち止まった。ぼくの心は凍りついた。でもまだわからなかった。

「もう行ってよ」王子さまは言った。「この壁から降りたいんだ」

ぼくは壁の足もとへ目をやって、跳び上がった！ 30秒で人の命を奪える黄色いヘビが、小さな王子さまを見上げていた。ぼくは銃の引き金をひき、壁に向かって走り出した。その銃声を聞きつけて、ヘビはゆるやかに砂の上をすべり、石の間に消えてしまった。

ぼくは壁にたどり着いて、王子さまを腕に抱きとめた。王子さまの顔は、雪のように蒼白だった。

「どういうことなんだ？ なぜヘビなんかと話してるんだ？」

ぼくは王子さまの襟巻きをほどいた。そして額を拭いた。少し水を飲ませた。でも、それ以上、たずねるのが怖かった。王子さまはぼくを見つめ、両腕でぼくの首に抱きついた。王子さまの胸の鼓動が伝わってきた。撃たれて、息絶えようととしている、鳥の鼓動のようだった。王子さまは言った。

「きみの飛行機が直ってよかった。これで、きみは家に帰れるね……」

「どうして知ってるの？」

ぼくは叫んだ。ついに直ったと、今言うところだったのだから！

« Maintenant va-t'en, le petit prince a dit. Je veux redescendre ! »
「もう行ってよ」王子さまは言った。「この壁から降りたいんだ」

Il n'a rien répondu à ma question, mais il a dit :

« Moi aussi, aujourd'hui, je rentre chez moi… »

Puis, mélancolique :

« C'est bien plus loin… c'est bien plus difficile… »

Je sentais bien qu'il se passait quelque chose d'extraordinaire. Je serrais le petit prince dans les bras comme un petit enfant. Cependant il me semblait qu'il coulait verticalement dans un abîme sans que je pusse rien pour le retenir…

Il avait le regard sérieux. C'était un regard perdu très loin.

Je lui ai dit : « J'ai ton mouton. Et j'ai la caisse pour le mouton. Et j'ai la muselière… »

Et il a souri avec mélancolie.

J'ai longtemps attendu. Je sentais qu'il se réchauffait peu à peu :

« Petit bonhomme, tu as eu peur… »

Il avait eu peur, bien sûr ! Mais il riait doucement : « J'aurai bien plus peur ce soir… »

De nouveau je me suis senti glacé par la peur. Et j'ai compris que je ne supportais pas l'idée de ne plus jamais entendre ce rire. C'était pour moi comme une fontaine dans le désert.

« Petit bonhomme, je veux encore t'entendre rire… »

Mais il m'a dit :

« Cette nuit, ça fera un an. Mon étoile se trouvera juste au-dessus de l'endroit où je suis tombé l'année dernière…

■ couler verticalement dans un abîme　まっすぐにすり抜けて底知れぬ淵に落ちて行く

王子さまは答えずに、こう言った。

「今夜、ぼくも家に帰るよ……」

王子さまは悲しそうに付け足した。「もっと、ずっと遠くて、もっとずっと難しいけれど……」

何か、はかりしれない、恐ろしいことが起きようとしていた。ぼくは、王子さまを赤ちゃんを抱きしめるように腕に抱いた。でも、たとえ何をしても、王子さまがすり抜けて離れていくのを感じた。

王子さまの悲しげなまなざしは、はるかかなたをさまよっていた。

ぼくは言った。「きみのヒツジの絵があるよ。ヒツジの入る箱もあるし、口輪もあるよ……」

王子さまは寂しそうに微笑んだ。

ぼくは長いこと待った。王子さまは少しよくなったように見えた。ぼくは言った。

「ぼくの大切な友よ、怖かっただろう……」

怖かったに決まっている！ なのに、王子さまはやさしく笑って言った。「ぼく、今夜になればもっと怖いよ……」

ふたたび、ぼくは恐怖に凍りついた。そして、王子さまのこの笑い声がもう二度と聞けなくなるのかと思うと、とても耐えられないことに気付いた。ぼくにとって、あの笑い声は砂漠の中の真水の井戸のようだったのだ。

「ぼくの大切な友よ、きみの笑い声をもう一度聞きたい……」

王子さまはただこう言った。

「今夜、ぼくがここに来てからちょうど1年になる。ぼくの星は、ぼくが1年前に落ちた場所の真上に来るんだ……」

— Petit bonhomme, n'est-ce pas que c'est un mauvais rêve cette histoire de serpent et de rendez-vous et d'étoile... »

Mais il n'a pas répondu à ma question. Il m'a dit :

« Ce qui est important, ça ne se voit pas...

— Bien sûr...

— C'est comme pour la fleur. Si tu aimes une fleur qui se trouve dans une étoile, c'est doux, la nuit, de regarder le ciel. Toutes les étoiles sont fleuries.

— Bien sûr...

— C'est comme pour l'eau. Celle que tu m'as donnée à boire était comme une musique, à cause de la poulie et de la corde... tu te rappelles... elle était bonne.

— Bien sûr...

— Tu regarderas, la nuit, les étoiles. C'est trop petit chez moi pour que je te montre où se trouve la mienne. C'est mieux comme ça. Mon étoile, ça sera pour toi une des étoiles. Alors, toutes les étoiles, tu aimeras les regarder... Elles seront toutes tes amies. Et puis je vais te faire un cadeau... »

Il a ri encore.

« Ah ! Petit bonhomme, petit bonhomme j'aime entendre ce rire !

— Justement ce sera mon cadeau... ce sera comme pour l'eau...

— Que veux-tu dire ?

— Les gens ont des étoiles qui ne sont pas les mêmes. Pour les uns, qui voyagent, les étoiles sont des guides. Pour d'autres elles ne sont rien que de petites lumières. Pour d'autres qui sont savants,

■ savant 学者

「友よ、このヘビと星の話は、ただのわるい夢だと言っておくれよ」

でも王子さまは、ぼくのことばに答えなかった。そしてこう言った。
「いちばん大切なものは目には見えない……」
「そうだね……」
「ぼくの花もそうだ。どこかの星に咲いている一輪の花を愛したら、夜空を見上げるのが嬉しくなる。星がぜんぶ、花に見えるから」

「そのとおりだ……」
「水だって同じだ。君が飲ませてくれたあの水は、音楽のようだった。滑車も、ロープも歌ってた……。ほら、思い出すだろう……素敵だった」

「そうだね……」
「夜になったら星を見てね。ぼくの星、ぼくの家は、小さすぎて、どこにあるのかきみに見せてあげられない。でもそのほうがいいんだ。ぼくの小さな星は、たくさんの星の一つになるんだからね。だからきみは、星ぜんぶを見るのが好きになるよ。ぜんぶの星が、きみの友達になるんだ。それから、贈り物をきみにあげるよ……」王子さまは、また笑った。

「ああ、友よ、友よ、きみの笑い声を聞くのが大好きだ!」
「そう。それがぼくの贈り物だよ……、さっきの水みたいにね」
「どういうこと?」
「星の意味は、見る人によって違うよね。旅行者には、星は導きとなってくれる。ほかの人にとっては、空にある小さな光でしかない。学者にとっては星は考える対象だし、ぼくの出会った実業家にとっては、星は金でできて

elles sont des problèmes. Pour mon businessman, elles étaient de l'or. Mais toutes ces étoiles-là se taisent. Toi, tu auras des étoiles comme personne n'en a…

— Que veux-tu dire ?

— Quand tu regarderas le ciel, la nuit, puisque j'habiterai dans l'une d'elles, puisque je rirai dans l'une d'elles, alors ce sera pour toi comme si riaient toutes les étoiles. Tu auras, toi, des étoiles qui savent rire ! »

Et il a ri encore.

« Et quand tu seras consolé (on se console toujours) tu seras content de m'avoir connu. Tu seras toujours mon ami. Tu auras envie de rire avec moi. Et tu ouvriras parfois ta fenêtre, comme ça, pour le plaisir… Et tes amis seront bien étonnés de te voir rire en regardant le ciel. Alors tu leur diras : "Oui, les étoiles, ça me fait toujours rire !" Et ils te croiront fou. Je t'aurai joué un bien vilain tour… »

Et il a encore ri.

« Ce sera comme si je t'avais donné, au lieu d'étoiles, des tas de petits grelots qui savent rire… »

Et il a encore ri. Puis il est redevenu sérieux :

« Cette nuit… tu sais… Ne viens pas.

— Je ne te quitterai pas.

— J'aurai l'air d'avoir mal… j'aurai un peu l'air de mourir. C'est comme ça. Ne viens pas voir ça, ce n'est pas la peine…

■ être de l'or 金でできている ■ parfois 時折

いるんだ。でもどの星も音を立てない。でもきみ、きみの星は、ほかのだれ
のとも違う……」

「どういうこと？」

「きみは夜、空を眺める……そして、ぼくが空一杯の星の一つに住んでい
るから、ぼくがその星で笑ってるから、きみには、星という星が笑ってるよ
うに聞こえるよ。笑う星々を持つのはきみだけだ！」

王子さまはまた笑った。

「そして、きみがまた幸福な気持ちに満たされた時には（どんなときでも、
しばらくたてば悲しみは必ずやわらぐよ）、ぼくと知り合ってよかったって
思うよ。きみはずっとぼくの友達だもの。きみはぼくと一緒に笑いたくなる
よ。だから時々、窓を開ける……そしてきみの友達はみんな、きみが空を見
上げて笑ってるのを見て驚くだろう。そしたらこう言ってやるんだ。「そう
なんだ。星空を見ると、いつも笑いがこみあげてくるんだよ！」みんな、
きみの頭がおかしいと思うだろう。ぼくはきみに、すごくおかしなことをさ
せてしまうわけだね……」

王子さまはまた笑った。

「星の代わりに、笑いさざめく小さな鈴をたくさん、きみにあげたみたい
になるね……」王子さまはまた笑った。それから、真顔にもどって、言った。
「今夜……、ねえ、きみは戻ってきてはいけないよ」

ぼくは言った。「きみのそばを離れない」

「ぼくは痛がっているように見えるだろう……死にかかっているように見
えるだろう。そんなふうに見えるんだよ。だから、戻ってきて見てはいけな
い……見に来ることないんだよ」

— Je ne te quitterai pas. »

Mais il était soucieux.

« Je te dis ça… c'est à cause aussi du serpent. Il ne faut pas qu'il te morde… Les serpents, c'est méchant. Ça peut mordre pour le plaisir…

— Je ne te quitterai pas. »

Mais quelque chose le rassurait :

« C'est vrai qu'ils n'ont plus de venin pour la seconde morsure… »

Cette nuit-là je ne le voyais pas partir. Il s'était évadé sans bruit. Quand j'ai réussi à le rejoindre il marchait rapidement. Il m'a dit seulement :

« Ah ! Tu es là… »

Et il m'a pris par la main. Mais il s'est tourmenté encore :

« Tu as eu tort. Tu auras de la peine. J'aurai l'air d'être mort et ce ne sera pas vrai… »

Moi je me taisais.

« Tu comprends. C'est trop loin. Je ne peux pas emporter ce corps-là. C'est trop lourd. »

Moi je me taisais.

「きみのそばを離れないよ」

王子さまは心配していた。

「ぼくがこう言うのは」王子さまは言った。「ヘビのことがあるからだよ。きみが噛まれるのは嫌だ。ヘビは時々とんでもないことをする。おもしろ半分で噛んだりするんだ……」

「きみのそばを離れないよ」

でも、別のことを思いついて、王子さまは気が楽になったようだった。「ヘビの毒は、一人分しかないんだった……」

その夜、ぼくは王子さまが立ち去るのに気付かなかった。音もなく、消えてしまったのだ。ようやくぼくが追いついたとき、王子さまは足早に歩いていた。ただこう言った。

「ああ！ 来たんだね……」

そしてぼくの手をとった。それでもまだ心配そうだった。

「君は来たらいけなかったんだよ。悲しくなるだろうからね。ぼくは死ぬように見えるかもしれないけど、本当はそうじゃないんだよ……」

ぼくは一言も言わなかった。

「きみはわかるよね。ぼくの家はとても遠い。この体を持っていくことはできないんだ。重すぎるんだよ」

ぼくは一言も言わなかった。

■ quitter A　Aと別れる

« Mais ce sera comme une vieille écorce abandonnée. Ce n'est pas triste les vieilles écorces… »

Moi je me taisais.

Il s'est découragé un peu. Mais il a fait encore un effort :

« Ce sera gentil, tu sais. Moi aussi je regarderai les étoiles. Toutes les étoiles seront des puits avec une poulie rouillée. Toutes les étoiles me verseront à boire… »

Moi je me taisais.

« Ce sera tellement amusant ! Tu auras cinq cents millions de grelots, j'aurai cinq cents millions de fontaines… »

Et il s'est tu aussi, parce qu'il pleurait…

« C'est là. Laisse-moi faire un pas tout seul. »

Et il s'est assis parce qu'il avait peur.

Il a dit encore :

« Tu sais… ma fleur… j'en suis responsable ! Et elle est tellement faible ! Et elle est tellement naïve. Elle a quatre épines de rien du tout pour la protéger contre le monde… »

Moi je me suis assis parce que je ne pouvais plus me tenir debout. Il a dit :

« Voilà… C'est tout… »

■ vieille écorce abandonnée 古い抜け殻になった樹皮　■ rouillé, e 錆びた　■ faire un pas tout seul 一人で歩いていく　■ se tenir debout 立ち続ける

「でも体はぬけ殻みたいな、古い木の樹皮みたいなものだよ。だから悲しくないんだよ……」

ぼくは一言も言わなかった。

王子さまは悲しかったのに、明るくふるまおうとしていた。

「きっと素晴らしいよ。ねえ。きみと同じように、ぼくも星を眺めてるよ。どの星もぜんぶ、さびた滑車の付いた、真水の井戸みたいになるんだ。そして星という星が、ぼくに水を飲ませてくれるんだ……」

ぼくは一言も言わなかった。

「本当に素敵だろうなあ！　きみは5億の鈴を持ち、ぼくは5億の井戸を持つことになるんだから……」

そして王子さまも黙った。泣いていたから……。

「ここだよ。ここから先は、ひとりで歩いて行くよ」

王子さまは怖さですわり込んだ。それでもしゃべり続けた。

「ねえ……ぼくの花……ぼくはあの花に責任があるんだ！　あんなにか弱いんだもの！　それに何にも知らないんだ。世界ぜんぶに立ち向かって自分を守るのに、小さなトゲが4つあるだけなんだよ……」

ぼくは、もう立っていられなくなってすわり込んだ。王子さまは言った。

「わかるよね……、それだけ……」

Il est tombé doucement comme tombe un arbre.
王子さまは怖さですわり込んだ。

Il hésitait encore un peu. Puis il s'est relevé. Il a fait un pas. Moi je ne pouvais pas bouger.

Il n'y a eu rien qu'un éclair jaune près de sa cheville. Il a demeuré un instant immobile. Il n'a pas crié. Il est tombé doucement comme tombe un arbre. Ça n'a pas fait même de bruit, à cause du sable.

 # XXVII

Et maintenant, bien sûr, ça fait six ans déjà… Je n'ai jamais encore raconté cette histoire. Mes amis ont été bien contents de me revoir vivant. J'étais triste, mais je leur disais : « C'est la fatigue… »

■immobile 動かない、不動 ■maintenant 今、現在は

　小さな王子さまは、ほんの一呼吸おいて立ち上がり、一歩、前に踏み出した。ぼくは動けなかった。

　王子さまの足首のあたりに、黄色い光がほんのかすかに閃いた。一瞬、王子さまは動かなくなった。声もあげなかった。そして、木が倒れるようにゆっくりと、崩れ落ちた。物音ひとつしなかった。砂漠の砂の上だったから。

第27章

　これはもう、6年も前の話だ……。今まで、この話をしたことはない。ぼくの友達は、ぼくが生きていることを知ってとても喜んでくれた。ぼくの心は沈んでいたけれど、彼らにはこう言った。「疲れているだけだよ……」

Maintenant je me suis un peu consolé. C'est-à-dire… pas tout à fait. Mais je sais bien qu'il est revenu à sa planète, car, au lever du jour, je n'ai pas retrouvé son corps. Ce n'était pas un corps tellement lourd… Et j'aime la nuit écouter les étoiles. C'est comme cinq cent millions de grelots…

Mais voilà qu'il se passe quelque chose d'extraordinaire. La muselière que j'ai dessinée pour le petit prince, j'ai oublié d'y ajouter la courroie ! Il n'aura jamais pu l'attacher au mouton. Alors je me demande : « Que s'est-il passé sur sa planète ? Peut-être bien que le mouton a mangé la fleur… »

Tantôt je me dis : « Sûrement non ! Le petit prince enferme sa fleur toutes les nuits sous son globe de verre, et il surveille bien son mouton… » Alors je suis heureux. Et toutes les étoiles rient doucement.

Tantôt je me dis : « On est distrait une fois ou l'autre, et ça suffit ! Il a oublié, un soir, le globe de verre, ou bien le mouton est sorti sans bruit pendant la nuit… » Alors les grelots se changent tous en larmes !

C'est là un bien grand mystère. Pour vous qui aimez aussi le petit prince, comme pour moi, rien de l'univers n'est semblable si quelque part, on ne sait où, un mouton que nous ne connaissons pas a, oui ou non, mangé une rose…

Regardez le ciel. Demandez-vous : « Le mouton oui ou non a-t-il mangé la fleur ? » Et vous verrez comme tout change…

Et aucune grande personne ne comprendra jamais que ça a tellement d'importance !

■ tout à fait 完全に　■ une fois ou l'autre 時々　■ se changer tous en larmes いっせいに泣き始める

今では少しだけ、悲しみもやわらいだ。ということは……、完全に消えたわけじゃない。でもぼくは、小さな王子さまが自分の星に帰って行ったことを知っている。翌朝戻ってみたら、王子さまの体がどこにもなかったからだ。あまり大きな体ではなかったし。だから今、夜になると、ぼくは星空に向かって耳を澄ませるのを楽しみにしている。5億もの鈴が鳴り響いているようだ……。

ただ、不可解なことが一つある。ぼくは小さな王子さまにヒツジの口輪を描いたのだが——ひもをつけるのを忘れてしまったのだ！ 王子さまは、ヒツジに口輪をはめられないだろう。ぼくは自問する。「王子さまの星で、何が起こったのだろう？ もしかしたらヒツジが花を食べてしまったかもしれない……」

あるときは、自分に言い聞かせる。「そんなこと、もちろんないさ！ 王子さまは毎晩、花にケースをかぶせるし、ヒツジも注意深く見張っているから……」そう思うと、気が楽になる。すると、星という星がぜんぶ、やさしく笑っているのが聞こえるのだ。

また別のときにはこう思う。「だれでも時々は忘れたりするものだ。でも1回忘れただけで、もう駄目かもしれないんだぞ！」一度だけ、花にケースをかぶせ忘れたかもしれないし、ある晩、ヒツジが箱から出てしまったかもしれない……」すると、ぼくの鈴はぜんぶ、泣き始めるのだ！

これこそ、大いなる神秘だ。小さな王子さまが大好きなぼくたちにとっては、どこかで、なぜか、見たこともないヒツジが、ある花を食べてしまったかどうかで、宇宙全体が変わってしまうのだから……。

空を見上げて、考えてみてほしい。「あのヒツジはあの花を食べたか、それとも食べなかったか？」すると、何もかもが変わって見えることに気づくだろう……。

おとなときたら、これがどうして大切なのか、ひとりもわからないのだ！

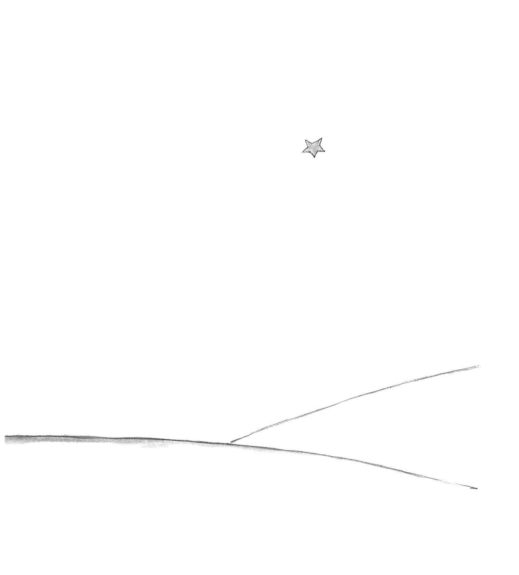

Ça c'est, pour moi, le plus beau et le plus triste paysage du monde. C'est le même paysage que celui de la page précédente. Mais je l'ai dessiné une fois encore pour bien vous le montrer. C'est ici que le petit prince a apparu sur terre, puis disparu.

Regardez attentivement ce paysage afin d'être sûrs de le reconnaître, si vous voyagez un jour en Afrique, dans le désert. Et, s'il vous arrive de passer par là, je vous en supplie, ne vous pressez pas, attendez un peu juste sous l'étoile ! Si alors un enfant vient à vous, s'il rit, s'il a des cheveux d'or, s'il ne répond pas quand on l'interroge, vous devinerez bien qui il est. Alors soyez gentils ! Ne me laissez pas tellement triste : écrivez-moi vite qu'il est revenu…

Fin.

■ précédent, e 前の、先の

　これは、ぼくにとって、世界でいちばん美しく、いちばん悲しい場所だ。前のページと同じ場所だ。みんなに見てもらうために、もう一度、描いた。小さな王子さまは最初にここに着いて、ここから去って行った。いつかきみたちが、アフリカの砂漠を旅することがあれば、この場所を見分けられるように、しっかりと見ておいてくれ。そしてもしこの場所に行き会ったら、先を急いだりしないでくれ。立ち止まって、少しの間だけ、小さな王子さまの星の真下に立ってみてくれないか！　そしてもし、子どもがひとり近づいてきたら、そして笑ったら、その子が金色の髪をして、きみの質問にちっとも答えなかったら、それがだれだかきっとわかる。そうしたら、お願いだから、ぼくにやさしくしておくれ！　ぼくの悲しみを和らげておくれ。すぐにぼくに手紙を書いて、知らせておくれよ。星の王子さまが帰ってきたと……。

【s'enfourner】 入り込む

> Les hommes s'enfournent dans les trains. （p.180, 1行目）
> 人間たちが列車に乗り込む。

　s'enfournerは描写的に使われていて、パンを焼き釜に入れたり、食べ物をがつがつと口に押し込んだりするように、複数の人々が列車に押し込まれるというニュアンスをこめています。一般に乗り物に乗る、というときはprendre, monter, s'embarquer, voyager à bordなどが使われます。

　　【類似表現】Il vaut mieux prendre un train pour aller à Kyoto.
　　　　　　　京都へ行くのには列車に乗ったほうが良い。

　　　　　　　Je voudrais monter un cheval.
　　　　　　　馬に乗ってみたい。

　　　　　　　Nous nous sommes embarqués sur un navire.
　　　　　　　わたしたちは乗船した。

　　　　　　　Elle voyage à bord d'un avion.
　　　　　　　彼女は飛行機で旅をする。

【Ce n'est pas la peine】 そんなことをするまでもない

> Ce n'est pas la peine. （p.180, 4行目）
> そんなことするまでもない。

　peineは「罰」、「苦労」の意味があります。よく使われる慣用表現を導きます。

■ 罰

　Le juge magistrat a condmné l'accusé à une peine sévère.
　裁判官は被告人を厳罰に処した。

■ 苦労

　Ce travail demande de la peine.
　この仕事は手間がかかる。

C'est peine perdue.
骨折り損だ。

■ **à peine** ほとんど〜ない

Il sait à peine.
彼はほとんど知らない。
C'est de la viande à peine cuite.
それは生煮えの肉だ。

■ **avoir（de la）peine à + inf.** 〜するのに苦労する

J'ai peine à accepter sa demande.
私は彼（彼女）の要求を受け入れられない。

■ **à peine 〜 que…** 〜するやいなや…

A peine était-il entré dans sa chambre que quelqu'un l'a appelé.
彼が自分の部屋に入るやいなや、誰かが彼を呼ぶ声がした。

【donner à + inf.】 〜するものを与える

Donne-moi à boire.（p.182, 3–4行目）
飲めるものをちょうだい。

A + inf. の用法のなかで「〜するもの」「〜すべきもの」を学びましょう。

■ **donner à + inf.** 〜するものを与える

Donnez-moi à manger.
= Donnez-moi quelque chose à manger.
食べるものをください。

■ **à + inf.** 〜するべきもの

Il y a beaucoup de monuments à visiter dans cette ville.
その街には見に行くべき建造物がたくさんある。

Ce programme de radio est à écouter.
このラジオ番組は聴くべきだ。

役立つフランス語表現

Cet exercise est à refaire.
この練習問題はやり直すべきだ。

J'ai à terminer mes devoirs.
終わらせなくちゃならない宿題があるんです。

Vous n'avez pas à acheter pour lui.
あなたが彼のために買ってあげなきゃいけないものなんてありません。

maison à vendre　売り家

hisitoire à ne pas répéter　他言してはならない話

【rougir】　赤くなる

> Le petit prince a encore rougi.（p.186，下から10行目）
> 王子さまの顔はますます赤くなった。

「〜色（形容詞）」と「その色に染める、染まる（動詞）」を整理してみてみましょう。

- ■　赤い　rouge　　　—　　赤くする、赤くなる　rougir
- ■　白い　blanc, che　—　　白くする、白くなる　blanchir
- ■　青い　bleu, e　　—　　青くする、青くなる　leuir
- ■　黄色い　jaune　　—　　黄色くする、黄色くなる　jaunir
- ■　緑色の　vert, e　—　　緑色に染める、緑色になる　verdir
- ■　黒い　noir, e　　—　　黒くする、黒くなる　noircir

【s'en aller】　立ち去る

> Maintenant va-t'en.（p.190，2行目）
> もう行ってよ。

　別れることを意味する表現も使われるときのニュアンスの違いによっていろいろあります。

- s'en aller, partir 立ち去る

  On s'en va. さあここを出よう。

- partir 出発する

  Bon, nous partons maintenant. C'est l'heure.
  よし、もう出発しよう。時間だ。

- laisser おいていく

  Alors, je vous laisse.
  それじゃさようなら。
  Le mois précédant, il a laissé sa femme.
  彼は先月妻と別れた。

- quitter A Aのもとを離れる

  Pierre ne quitte pas Marie.
  ピエールはマリーのそばを離れない。

【de nouveau】 再び、もう一度

> De nouveau je me suis senti glacé par la peur. (p.192, 下から7行目)
> ふたたび、ぼくは恐怖に凍りついた。

de nouveau と à nouveau は使い分けられます。

- de nouveau 再び、もう一度

  Pierre lui a donné un coup de fil de nouveau.
  ピエールは彼（彼女）にもう一度電話をかけた。

- à nouveau 改めて、新たに

  Pierre a examiné à nouveau la raison pourquoi Marie n'avait pas reçu
  son coup de fil.
  ピエールはなぜマリーが電話をかけても受けてくれないのかを、改めて考えた。

【être de A】 Aでできている

Pour mon businessman, elles (= les étoiles) étaient de l'or.
（p.196，1行目）
ぼくの出会った実業家にとっては、星は金でできている。

「（ある材料）で作られている」というときのdeです。

【例文】Cette robe est de satin.
このドレスはサテン（繻子）でできている。

Cette table est du meilleur chêne.
このテーブルは最高級の柏材を使っています。

【connaître A】 Aを知る、Aと知り合いになる

Tu seras content de m'avoir connu.（p.196，9–10行目）
君はぼくと知り合いになってよかったと思うよ。

似た表現をさがしてみましょう。

- faire（la）connaissance avec A　Aと知り合いになる

  Je suis content d'avoir fait connaissance avec un chanteur d'opéra.
  オペラ歌手と知り合いになれてうれしい。

- avoir de bonnes（mauvaises）relations avec A　Aと仲が良い（悪い）

  Marie a de bonnes relations avec Claire.
  マリーはクレールと仲が良い。

- se lier d'amitié avec A　Aと親しくする、懇意になる

  Marie s'est liée d'amitié avec Claire.
  マリーはクレールと親しくなった。

［IBC 対訳ライブラリー］

フランス語で読む星の王子さま［新版］

2012年 6 月 3 日　　初版第 1 刷発行
2019年11月10日　　　　第 7 刷発行
2023年 2 月 1 日　　新版第 1 刷発行
2023年12月 2 日　　　　第 2 刷発行

原著者　　　サン＝テグジュペリ

発行者　　　浦　　晋 亮

発行所　　　**IBCパブリッシング株式会社**
　　　　　　〒162-0804 東京都新宿区中里町29番3号 菱秀神楽坂ビル
　　　　　　Tel. 03-3513-4511　Fax. 03-3513-4512
　　　　　　www.ibcpub.co.jp

印刷所　　　**株式会社シナノパブリッシングプレス**

© IBC Publishing, Inc. 2023

Printed in Japan

ISBN978-4-7946-0749-2